C P I
Comissão Parlamentar de Inquérito

DESCOMPLICADA

ORIENTAÇÕES PARA PARLAMENTARES
FEDERAIS, ESTADUAIS E MUNICIPAIS

B885c   Brozoza, Edson

CPI: Comissão Parlamentar de Inquérito descomplicada: orientações para parlamentares federais, estaduais
e municipais / Edson Brozoza. – Porto Alegre: Livraria do Advogado Editora, 2010.

116 p.; 21 cm.
ISBN 978-85-7348-695-7

1. Comissão Parlamentar de Inquérito. I. Título.

CDU – 342.537.7

Índice para catálogo sistemático:
Comissão Parlamentar de Inquérito   342.537.7

(Bibliotecária responsável: Marta Roberto, CRB-10/652)

Edson Brozoza

C P I
Comissão Parlamentar de Inquérito

DESCOMPLICADA
ORIENTAÇÕES PARA PARLAMENTARES
FEDERAIS, ESTADUAIS E MUNICIPAIS

Porto Alegre, 2010

© Edson Brozoza, 2010

Capa, projeto gráfico e diagramação
Livraria do Advogado Editora

Revisão
Rosane Marques Borba

Direitos desta edição reservados por
Livraria do Advogado Editora Ltda.
Rua Riachuelo, 1338
90010-273 Porto Alegre RS
Fone/fax: 0800-51-7522
editora@livrariadoadvogado.com.br
www.doadvogado.com.br

Impresso no Brasil / Printed in Brazil

Ao *Alexandre Andrades Brozoza*
minha gratidão pela valiosa colaboração.

Sumário

1. Comissões Parlamentares de Inquérito:
   origem histórica e evolução no Brasil 9

2. Pressupostos constitucionais de criação e funcionamento
   das Comissões Parlamentares de Inquérito 15
   2.1. Considerações iniciais 15
   2.2. *Quorum* mínimo de abertura 22
   2.3. Composição numérica e proporcionalidade 28
   2.4. Competência 35
   2.5. Fato determinado 38
   2.6. Prazo certo 44

3. Os poderes das Comissões Parlamentares de
   Inquérito Instrução Probatória 49
   3.1. Considerações iniciais 49
   3.2. Convocação de indiciados e testemunhas 54
   3.3. Limites à atuação do advogado nas Comissões de Inquérito .. 61
   3.4. Convocação de autoridades públicas 72
   3.5. Requisição de documentos públicos e particulares 77
   3.6. Diligências que reportarem necessárias 79
      3.6.1. Quebra do sigilo bancário, fiscal, telefônico,
             de informática e telemática 81

4. Relatório final da CPI 87

5. Rotinas de trabalhos das CPIs 95

Referências bibliográficas 99

ANEXOS – Legislação Aplicável e Disposições Constitucionais .. 101
Constituição da República Federativa do Brasil de 1988 101
Regimento Interno do Senado Federal 102
Regimento Interno da Câmara dos Deputados 104
Regimento Comum do Congresso Nacional 106
Lei n° 1.579, de 18 de março de 1952 107
Lei n° 9.296, de 24 de julho de 1996 108
Lei n° 10.001, de 4 de setembro de 2000 111
Lei Complementar n° 105, de 10 de janeiro de 2001 112

1. Comissões Parlamentares de Inquérito: origem histórica e evolução no Brasil

As Comissões Parlamentares de Inquérito têm sua origem no reinado de Eduardo II (1284-1327) e Eduardo III (1327-1377), na Inglaterra medieval. O instituto das Comissões de Inquérito no Parlamento inglês somente foi destacar-se com maior relevância a partir da aprovação da Declaração de Direitos de 1689 – *Bill of Rights* – pelo rei Guilherme III, na medida em que, através das diversas restrições ao Poder estatal ali estabelecidas, assegurou o fortalecimento do Parlamento e ampliou o rol de garantias individuais outrora conferidas pela *Magna Carta Libertatum* (reinado de João Sem-Terra – 1215).

Não foi por menos que William Pitt, na Câmara dos Comuns, em 1742, declarou o significativo progresso que o instrumento de fiscalização parlamentar adquirira ao atestar que "nós somos chamados o Grande Inquérito da Nação, e, como tal, é nosso dever investigar em cada escalão da administração pública, seja no estrangeiro ou dentro da nação, para observar que nada tenha sido erradamente realizado".[1]

---

[1] TAYLOR, Telfor. *Grand inquest*: the story for congressional investigations, 1955, p. 1. Apud ACCIOLI, Wilson. *Comissões parlamentares de inquérito*: instrumentos de ação política, 1980 (edição independente), p. 17.

As primeiras investigações de que se têm notícia, levadas a efeito pela Câmara dos Comuns, nos moldes das Comissões Parlamentares de Inquérito dos dias atuais, versaram sobre contendas eleitorais, contestadas e levadas à apreciação do Parlamento para julgamento e decisão.[2] O caso de Sir Francis Godwin, em 1604, teria sido o primeiro desta série desencadeada durante o século XVII, até o momento em que a *Court of Common Pleas* passou a ter legalmente a competência para o julgamento das disputas dessa natureza (1868).[3]

Ainda no século XVII, destacaram-se dois outros casos em que se revela a natureza dúplice das investigações parlamentares: a de fiscalizar o atos do Poder Executivo e a de colher informações para a produção legislativa sobre matérias específicas. O primeiro caso, no ano de 1644, consistiu na autorização dada pela Câmara dos Comuns para que uma de suas comissões convocasse testemunhas para a obtenção de dados necessários à regulamentação da navegação no Rio Wyne. O segundo, já em 1666, consistiu numa investigação instaurada para a apuração de eventuais irregularidades nos serviços da Marinha inglesa.

Além da Inglaterra, o instituto das Comissões Parlamentares de Inquérito foi adotado por outros Estados Europeus, tais como a França, a Holanda, a Alemanha e a Bélgica.

---

[2] Publicistas italianos (Pasquale Costanzo, *La publicità dei lavori parlamentari...*, p. 12; Vicenzo Miceli, *I moderni Parlamenti..*, p. 32; Giuseppe Cavarreta, La comissione..., p. 20; Silvio Furlani, *Lê commissioni..., passim*) defendem que a origem do instituto remonta o século XVII, ocasião em que o Parlamento inglês, através de uma *Select Committee* nomeada (1689), apurou suposta traição do comandante militar Lundy, responsável pelas tropas da Coroa na guerra contra a Irlanda. Dado como culpado pelos parlamentares ingleses, Lundy foi levado a julgamento pela *Royal Commission* que o condenou à morte. (BULOS, Uadi Lammêgo. *Comissão Parlamentar de Inquérito – técnica e prática*. São Paulo: Saraiva, 2001, p. 151-152).

[3] SAMPAIO, Nelson de Souza. *Do Inquérito Parlamentar*. Rio de Janeiro: Fundação Getúlio Vargas, 1964, p. 10.

Naturalmente, da Inglaterra, os inquéritos parlamentares passaram às colônias inglesas.

De acordo com os precedentes, ainda que a Constituição dos Estados Unidos de 1787 não fizesse alusão expressa ao instituto, o Congresso norte-americano sempre exerceu sua competência investigatória. Instaurava inquéritos, colhia testemunhos sob juramento, bem como punia, mediante iniciativa própria e através de seus funcionários, os acusados de desacato.

No Brasil, esquecidas durante o período imperial, as Comissões Parlamentares de Inquérito ganharam espaço somente a partir da República Velha (1889 – 1930).

Embora já houvessem sido realizadas nesse período, o instituto foi receber trato constitucional somente a partir da Carta Política de 1934.[4]

O breve tempo de existência da Constituição de 1934 levou consigo o instituto das Comissões de Inquérito.

Com a instauração do Estado Novo e a outorga da Constituição de 1937, as Comissões de Inquérito deixaram novamente de fazer parte do ordenamento jurídico constitucional. Seu retorno na Constituição de 1946, ao contrário do que previa a Carta de 1934, uniformizou o trato das Comissões Parlamentares ao dispor sobre elas, indistintamente, para a Câmara e o Senado Federal.

Na Constituição Federal atual, as Comissões Parlamentares estão disciplinadas no art. 58, cujo complemento se dá pela Lei nº 1.579/52. Assim dispõe o art. 58 do mencionado diploma legal:

Art. 58. O Congresso Nacional e suas Casas terão comissões permanentes e temporárias, constituídas na forma e com as atribuições previstas no respectivo regimento ou no ato de que resultar sua criação.

---

[4] Assim dispunha o art. 36 da Constituição Federal de 1934: "A Câmara dos Deputados criará Comissões de Inquérito sobre fatos determinados, sempre que o requerer a terça parte, pelo menos, dos seus membros".

C P I – Descomplicada

§ 1º – Na constituição das Mesas e de cada Comissão, é assegurada, tanto quanto possível, a representação proporcional dos partidos ou dos blocos parlamentares que participam da respectiva Casa.

§ 2º – às comissões, em razão da matéria de sua competência, cabe:

I – discutir e votar projeto de lei que dispensar, na forma do regimento, a competência do Plenário, salvo se houver recurso de um décimo dos membros da Casa;

II – realizar audiências públicas com entidades da sociedade civil;

III – convocar Ministros de Estado para prestar informações sobre assuntos inerentes a suas atribuições;

IV – receber petições, reclamações, representações ou queixas de qualquer pessoa contra atos ou omissões das autoridades ou entidades públicas;

V – solicitar depoimento de qualquer autoridade ou cidadão;

VI – apreciar programas de obras, planos nacionais, regionais e setoriais de desenvolvimento e sobre eles emitir parecer.

§ 3º – As comissões parlamentares de inquérito, que terão poderes de investigação próprios das autoridades judiciais, além de outros previstos nos regimentos das respectivas Casas, serão criadas pela Câmara dos Deputados e pelo Senado Federal, em conjunto ou separadamente, mediante requerimento de um terço de seus membros, para a apuração de fato determinado e por prazo certo, sendo suas conclusões, se for o caso, encaminhadas ao Ministério Público, para que promova a responsabilidade civil ou criminal dos infratores.

§ 4º – Durante o recesso, haverá uma Comissão representativa do Congresso Nacional, eleita por suas Casas na última sessão ordinária do período legislativo, com atribuições definidas no regimento comum, cuja composição reproduzirá, quanto possível, a proporcionalidade da representação partidária.

Observa-se, da leitura do texto constitucional, que o legislador constituinte estabeleceu que tanto o Congresso Nacional, quanto o Senado Federal e a Câmara dos Deputados terão comissões permanentes e temporárias, integrando dentre as últimas as Comissões Parlamentares de Inquérito.

Não é demais destacar que, ao contrário do que fora explicitado em relação ao Parlamento inglês, as Comissões de Inquérito criadas pelo Poder Legislativo no Brasil não se destinam à obtenção de informações para legislar.

Objetivam, tão somente, o controle dos atos dos Poderes Públicos, inclusive os do próprio Legislativo, podendo os resultados dos trabalhos, entretanto, prestarem-se, também, à atividade legiferante, de forma a impedir a ocorrência de novos fatos da mesma natureza.

2. Pressupostos constitucionais de criação e funcionamento das Comissões Parlamentares de Inquérito

2.1. Considerações iniciais

É de conhecimento público que todos os mecanismos de controle do exercício do poder, quer sejam eles políticos ou jurídicos, decorrem do Estado Democrático de Direito, cuja finalidade reside na proteção, em maior ou menor medida, dos direitos e garantias fundamentais.[5] O modelo de Estado Democrático experimentado atualmente está alicerçado no princípio sólido e imutável da separação dos Poderes.

Na Grécia antiga, berço da civilização ocidental, é que encontramos a gênese da teoria da separação dos Poderes. Neste cenário, Aristóteles (382-322 a.C.) explanou, em sua obra *A Política*, a divisão tripartite das funções do Estado.

Para o pragmático estagirita (Aristóteles nasceu na cidade de Estagira), as diferentes estruturas políticas classificavam-se conforme sua virtude, tendo afirmado:

---

[5] SCHIER, Paulo Ricardo. *Comissões Parlamentares de Inquérito e o Conceito de Fato Determinado*. Rio de Janeiro: Lumen Juris, 2005, p. 17.

Há em todo governo três partes nas quais o legislador sábio deve consultar o interesse e a conveniência particulares. Quando elas são bem constituídas, o governo é forçosamente bom, e as diferenças existentes entre essas partes constituem os vários governos.[6]

Segundo seus registros, as funções do governo dividiam-se em três, sendo: uma primeira, a *deliberativa*, encarregada de deliberar sobre os negócios públicos, tais como, a guerra, a paz, a aliança, a ruptura dos tratados, a promulgação de leis, a pronúncia de sentença de morte, o exílio, o confisco e o exame das contas do Estado; uma segunda, encarregada das magistraturas – espécie de função executiva –, incumbida de determinadas matérias, inclusive de julgar e, notadamente, de ordenar; e uma terceira, encarregada da administração da justiça.

Apesar da notável abordagem acerca das formas de governo e instituições diretamente ligadas à qualidade de vida do cidadão àquela época, o respeitável pensador não declinou sobre a funcionalidade e independência entre os Poderes do Estado.

Somente no século XVII foi experimentada pelo britânico John Locke a tentativa de sistematização dessa teoria, quando deduziu em seu *Ensaio sobre o Governo Civil* que a autoridade real e a autoridade do parlamento estariam em igualdade de posições.

Inspirado em Locke, Charles-Louis de Secondat, o Barão de *Montesquieu* (1689 – 1755), formulou a teoria da separação dos três Poderes tal qual é conhecida nos dias de hoje. Embora haja quem o intitule como o fundador dessa doutrina política, Montesquieu cuidou apenas de atribuir-lhe contornos mais precisos e bem assim de divulgá-la.[7]

Foi em sua obra mais famosa, *O Espírito das Leis* (*L'Esprit des lois* – 1748), que desenvolveu a alentada teoria

---

[6] ARISTÓTELES. *A Política*. Rio de Janeiro: Ediouro, [s.d.], p. 127-128.

[7] Vide: TAVARES, André Ramos. *Curso de direito constitucional positivo*. São Paulo: Saraiva, 2006.

de governo que nutre as ideias do movimento constitucional, pelo qual se busca distribuir legalmente o poder estatal, e de forma a propiciar o controle de um Poder sobre o outro – sistema de freios e contrapesos. Nas palavras do iluminista francês:

> [...] todo homem que tem poder é levado a abusar dele. Vai até onde encontrar limites. Quem diria! A própria virtude precisa de limites. *Para que não possam abusar do poder, pela disposição das coisas, o poder freie o poder.*[8]

E ainda:

> Estaria tudo perdido se um mesmo homem, ou um mesmo corpo de principais ou de nobres, ou do Povo, exercesse estes três poderes: o de fazer as leis; o de executar as resoluções públicas; e o de julgar os crimes ou as demandas dos particulares.[9]

Esta separação tripartite de poder fora oficialmente adotada pela República Federativa do Brasil como forma de sistematizar as funções estatais. Alçado à condição de cláusula pétrea e consagrado como um dos pilares do Estado Democrático de Direito, o princípio da separação dos Poderes encontra-se expressamente descrito no artigo 2º da Constituição Federal de 1988, que assim dispõe:

> Art. 2º São Poderes da União, independentes e harmônicos entre si, o Legislativo, o Executivo e o Judiciário.

Em virtude disso, e como consectário lógico do sistema de freios e contrapesos preconizado por Montesquieu, prováveis tentativas no sentido de instaurar instâncias hegemônicas de poder padecerão do vício de inconstitucionalidade, pois o propósito do constituinte foi claro: neutralizar, no âmbito político-jurídico do Estado, qualquer possibilidade de dominação institucional por parte dos

---

[8] MONTESQUIEU, Charles de Secondat, Baron de. *O Espírito das leis.* Tradução Pedro Vieira Mota. São Paulo: Ediouro, 1987, p. 136.

[9] Idem, p. 165.

Poderes da República sobre os demais órgãos da soberania nacional.[10]

No âmbito das Comissões Parlamentares de Inquérito, tratando-se do instrumento mais eficaz e profundo de controle do Legislativo sobre os demais Poderes da República – notadamente o Executivo – inserido na moldura do Estado Democrático de Direito, não poderia ser diferente. Com efeito, é sabido que, ao elegerem sua voz perante o Poder Legislativo, os cidadãos conferem ao Parlamento não só o poder de representação política e a competência para legislar, mas, também, o mandato para fiscalizar os órgãos e agentes do Estado.

Evidentemente, no desempenho desse processo de fiscalização, os limites materiais e as exigências formais estabelecidas pela Constituição Federal deverão ser respeitadas pelos parlamentares.[11]

Operando como limitadores do agir parlamentar, tais requisitos corporificam, em última análise, legítimos pressupostos de procedibilidade e existência válida das CPIs criadas na Câmara, no Senado, em conjunto entre ambas as Casas, nas Assembleias Legislativas, na Assembleia Distrital ou nas Câmaras Municipais, ainda que as respectivas Constituições Estaduais ou Leis Orgânicas não os mencionem em seu texto,[12] incumbindo ao Poder Judiciário a árdua tarefa de fiscalizar os atos dali emanados por elas.

Nestes casos, o regular exercício da função jurisdicional, desde que pautado pelo respeito à Constituição, não transgride o princípio da separação de Poderes, não se

---

[10] BULOS, Uadi Lammêgo. *Comissão Parlamentar de Inquérito – técnica e prática.* São Paulo: Saraiva, 2001, p. 42. Vide: MS 23452, Relator(a): Min. Celso de Mello, Tribunal Pleno, julgado em 16.9.1999, DJ 12.5.2000.

[11] MS 24831, Relator(a): Min. Celso de Mello, Tribunal Pleno, julgado em 22.6.2005, DJ 04.8.2006.

[12] KIMURA, Alexandre Issa. *CPI: Teoria e Prática.* São Paulo: Juarez de Oliveira, 2001, p. 24.

revelando lícito afirmar, na hipótese de desvios jurídico-constitucionais nas quais incida uma Comissão Parlamentar de Inquérito, que o exercício da atividade de controle jurisdicional possa traduzir situação de ilegítima interferência na esfera de outro Poder da República.[13]

De nenhuma forma pretendemos reduzir os poderes, propósitos e finalidades do inquérito parlamentar. Apenas queremos alertar com estes esclarecimentos que, encontrando o inquérito parlamentar limites legais e constitucionais ao seu exercício, nada constituirá motivo obstaculizador da sua prática, desde que respeitado o ordenamento constitucional vigente. Do contrário, indubitavelmente, o inquérito parlamentar seria empregado como meio de satisfação de interesses inescrupulosos porventura fomentados no seio da máquina governamental.

O Supremo Tribunal Federal muito bem retratou a ideia que aqui explanamos, quando do julgamento do MS 23.452-1/RJ:

A essência do postulado da divisão funcional do poder, além de derivar da necessidade de conter os excessos dos órgãos que compõem o aparelho de Estado, representa o princípio conservador das liberdades do cidadão e constitui o meio mais adequado para tornar efetivos e reais os direitos e garantias proclamados pela Constituição. Esse princípio, que tem assento no art. 2º da Carta Política, não pode constituir e nem qualificar-se como um inaceitável manto protetor de comportamentos abusivos e arbitrários, por parte de qualquer agente do Poder Público ou de qualquer instituição estatal. – O Poder Judiciário, quando intervém para assegurar as franquias constitucionais e para garantir a integridade e a supremacia da Constituição, desempenha, de maneira plenamente legítima, as atribuições que lhe conferiu a própria Carta da República.[14]

---

[13] BULOS, Uadi Lammêgo. *Comissão Parlamentar de Inquérito – técnica e prática*. São Paulo: Saraiva, 2001, p. 42. Vide: MS 23452, Tribunal Pleno, julgado em 16.9.1999, DJ 12.5.2000.

[14] Mandado de Segurança nº 23.452-1-RJ, j. 16-09-1999, Tribunal Pleno do STF, Relator: Ministro Celso de Mello, DJU de 12-05-2000, Seção 1, p. 20. Min. Celso de Mello, decisão: 16-9-99.

Como leciona o professor Uadi Lammêgo Bulos, "se é certo que uma CPI nem tudo pode, mais correto ainda é que muito ela pode!".[15]

Da leitura do art. 58 da Carta da República,[16] regente maior das Comissões Parlamentares de Inquérito, é possível extrair cinco pressupostos de procedibilidade – implícitos e explícitos – indispensáveis para a instauração e funcionamento da Comissão Parlamentar de Inquérito, são eles: a) a existência de um *quorum* mínimo de abertura; b)

---

[15] BULOS, Uadi Lammêgo. *Comissão Parlamentar de Inquérito – técnica e prática*. São Paulo: Saraiva, 2001, p. 46.

[16] "Art. 58. O Congresso Nacional e suas Casas terão comissões permanentes e temporárias, constituídas na forma e com as atribuições previstas no respectivo regimento ou no ato de que resultar sua criação.

§ 1º Na constituição das Mesas e de cada Comissão, é assegurada, tanto quanto possível, a representação proporcional dos partidos ou dos blocos parlamentares que participam da respectiva Casa.

§ 2º As comissões, em razão da matéria de sua competência, cabe:

I – discutir e votar projeto de lei que dispensar, na forma do regimento, a competência do Plenário, salvo se houver recurso de um décimo dos membros da Casa;

II – realizar audiências públicas com entidades da sociedade civil;

III – convocar Ministros de Estado para prestar informações sobre assuntos inerentes a suas atribuições;

IV – receber petições, reclamações, representações ou queixas de qualquer pessoa contra atos ou omissões das autoridades ou entidades públicas;

V – solicitar depoimento de qualquer autoridade ou cidadão;

VI – apreciar programas de obras, planos nacionais, regionais e setoriais de desenvolvimento e sobre eles emitir parecer.

§ 3º As comissões parlamentares de inquérito, que terão poderes de investigação próprios das autoridades judiciais, além de outros previstos nos regimentos das respectivas Casas, serão criadas pela Câmara dos Deputados e pelo Senado Federal, em conjunto ou separadamente, mediante requerimento de um terço de seus membros, para a apuração de fato determinado e por prazo certo, sendo suas conclusões, se for o caso, encaminhadas ao Ministério Público, para que promova a responsabilidade civil ou criminal dos infratores.

§ 4º Durante o recesso, haverá uma Comissão representativa do Congresso Nacional, eleita por suas Casas na última sessão ordinária do período legislativo, com atribuições definidas no regimento comum, cuja composição reproduzirá, quanto possível, a proporcionalidade da representação partidária".

a composição proporcional da comissão; c) a competência para a perquirição da matéria; d) a prévia indicação do fato que comporá o objeto das investigações (fato determinado); e e) o prazo certo de duração das investigações.[17]

Sublinhe-se, por oportuno, que, sem prejuízo do estudado, devemos ter em conta que, nos termos da Constituição Federal de 1988, as comissões, permanentes e temporárias, "serão constituídas na forma e com as atribuições previstas no respectivo regimento ou no ato de que resultar sua criação".

Por essa previsão, não restam dúvidas de que o legislador estabeleceu na Carta Política de 88 tão somente aquelas diretrizes tidas como essenciais à válida instauração das CPIs, na medida em que deixou a cargo dos regimentos internos das câmaras legislativas a normatização das regras específicas de funcionamento.

De tal sorte, os regimentos internos das Casas Legislativas federais, estaduais e municipais assumem autêntica função complementar ao texto constitucional, preenchendo os claros que a Lei Fundamental confiou ao domínio material do regimento interno.[18]

Situam-se, dessa forma, em um plano de subordinação hierárquica às normas constitucionais, devendo ser aplicados de forma supletiva ou complementar aos ditames legais previstos no artigo 58 da Constituição Federal.

---

[17] "Reexame necessário – sentença mantida. Decisão unânime. 1. É cediço que para a instauração de uma CPI deve o órgão competente observar o disposto no art. 58, 3º da Constituição Federal. 1. Uma vez instaurada ao arrepio da Lei é de se considerá-la viciada. Ao Poder Judiciário cabe zelar pela observância da Lei. Sentença mantida, por unanimidade". (TJSE – Reexame Necessário n° 0075/2002, Frei Paulo, Relator (a): Desembargador Manuel Pascoal Nabuco D`Avila, Julgado em 23.9.2002)

[18] HORTA, Raul Machado. "Limitações constitucionais dos poderes de investigação". *Revista de Direito Público*. n. 5, 1968, p. 39.

Necessário deixar assentado, conforme estudaremos oportunamente, embora o texto constitucional tenha conferido aos regimentos internos a faculdade de regulamentar o procedimento adotado pelas Comissões de Inquérito instauradas pelas Casas Legislativas dos Estados, Municípios e Distrito Federal, tal prerrogativa não alcança, sob pena de flagrante inconstitucionalidade, a possibilidade de inovar o texto constitucional no que pertine aos requisitos de instauração das CPIs.[19]

Feitas tais considerações, passemos, então, a discorrer sobre cada requisito.

2.2. *Quorum* mínimo de abertura

O primeiro requisito constitucional enumerado pelo Texto Magno indispensável para a válida instauração da Comissão Parlamentar de Inquérito consiste na existência necessária de um *quorum* mínimo de abertura.

Segundo o art. 58, § 3º, da Constituição Federal, a criação das comissões parlamentares de inquérito se dá mediante requerimento subscrito por, pelo menos, um terço dos membros da Casas Legislativa, para a apuração de fato determinado e por prazo certo, sendo suas conclusões, se for o caso, encaminhadas ao Ministério Público, para que promova a responsabilidade civil ou criminal dos infratores.

---

[19] Neste sentido, o Supremo Tribunal Federal quando do julgamento da Ação Direta de Inconstitucionalidade – ADI 3619/SP, ajuizada pelo Diretório Nacional do Partido dos Trabalhadores, recentemente declarou a inconstitucionalidade do trecho *"só será submetido à discussão e votação decorridas 24 horas de sua apresentação, e"*, constante do § 1º do artigo 34, e o inciso I do artigo 170, ambos da Consolidação do Regimento Interno da Assembléia Legislativa do Estado de São Paulo. Na ocasião, entendeu que *"não há razão para a submissão do requerimento de constituição de CPI a qualquer órgão da Assembléia Legislativa. Os requisitos indispensáveis à criação das comissões parlamentares de inquérito estão dispostos, estritamente, no artigo 58 da CB/88"*, o quais constituem *"matéria a ser compulsoriamente observada pelas casas legislativas estaduais"*.

Ao estabelecer o *quorum* mínimo de criação, "a Constituição quis apenas dizer que a investigação parlamentar não ficaria dependente sempre da vontade da maioria, geralmente o grupo menos interessado em iniciativa dessa ordem. O pensamento do Constituinte foi, por conseguinte, o de ampliar os meios de controle do governo, conferindo à oposição ou a determinada minoria, ainda contra a vontade da maioria, a faculdade de provocar a investigação parlamentar. Do contrário se limitaria muito o emprego e alcance dessa arma de fiscalização do Executivo, de informação do Legislativo e de esclarecimento da opinião pública".[20]

Dessa forma, "tem-se que o *quorum* enunciado na Constituição de 1988 assume sentido de proteção dos interesses dos blocos parlamentares minoritários, substanciando verdadeiro exercício do direito das minorias".[21]

A aludida regra encontra complemento legal no parágrafo único do artigo 1º da Lei nº 1.579/52, na medida que possibilita, desde que aprovada em deliberação plenária, a criação da Comissão Parlamentar de Inquérito na hipótese de não ser determinada pelo terço da totalidade do corpo legislativo. Veja-se o teor do dispositivo em análise, *verbis*:

> Art. 1º [...].
> Parágrafo único. A criação de Comissão Parlamentar de Inquérito dependerá de deliberação plenária, se não for determinada pelo terço da totalidade dos membros da Câmara dos Deputados ou do Senado.

Nessa hipótese, formalizado o competente requerimento ou projeto de resolução, ambos os instrumentos aptos a viabilizar a deliberação do Plenário sobre assuntos de sua economia interna, será ele submetido a votos.[22]

---

[20] SAMPAIO, Nelson de Souza. *Do Inquérito Parlamentar*. Rio de Janeiro: Fundação Getúlio Vargas, 1964, p. 34.

[21] SCHIER. Paulo Ricardo. *Comissões Parlamentares de Inquérito e o Conceito de Fato Determinado*. Rio de Janeiro: Lumen Juris, 2005, p. 55.

[22] SPROESSER, Andyara Klopstock. *A Comissão Parlamentar de Inquérito – CPI no Ordenamento Jurídico Brasileiro*. São Paulo: Assembléia Legislativa do Estado de São Paulo, 2008, p. 225.

Nada poderia ser mais razoável, porquanto seria "absurdo admitir que um terço de uma câmara, mediante requerimento, pudesse criar comissão de inquérito e o mesmo não pudesse fazer a votação da maioria do plenário".[23]

Em uma palavra: requerida a instauração da comissão de inquérito por um terço – ou mais – dos membros da Casa Legislativa, sua criação será automática e obrigatória. Por outro lado, se requerida por *quorum* menor, a instalação da comissão parlamentar de inquérito não será automática, mas poderá ser obrigatória, caso aprovada pela maioria em plenário.[24]

Entrementes, alguns debates surgem quando o regimento interno da câmara legislativa determina que o requerimento subscrito pelo terço parlamentar passe obrigatoriamente pelo crivo do Plenário para que seja instalada a Comissão Parlamentar de Inquérito.

A doutrina que defende sua plausibilidade sustenta que "se, por um lado, submeter à aprovação plenária a criação de CPI vulneraria o direito das minorias exercerem o direito de investigação; de outro, esse instrumento, sem deliberação plenária, a quem se dirigia o requerimento, que determinará a necessidade e conveniência da investigação, poderá servir à perseguições motivadas por interesses políticos ou pessoas dessas minorias.

Nenhum instrumento constitucionalmente legitimado pode servir como arma de minorias visando perseguições políticas ou pessoas. Como também, não pode a maioria contornar e inibir, por meio de deliberação plenária, eventual investigação. O abuso dessas prerrogativas configura verdadeiro *desvio de poder na função legislativa*".[25]

---

[23] SCHIER. Paulo Ricardo. *Comissões Parlamentares de Inquérito e o Conceito de Fato Determinado*. Rio de Janeiro: Lumen Juris, 2005, p. 55.

[24] Idem, p. 60.

[25] KIMURA, Alexandre Issa. *CPI: Teoria e Prática*, São Paulo: Juares de Oliveira, 2001, p. 32. Nesse mesmo sentido: CAVACANTI, Juliano Luis. *CPI: A comissão parlamentar de inquérito no âmbito do legislativo municipal*. São Paulo: Mizuno, 2006.

Não obstante a posição de tão ilustres doutrinadores, filiamo-nos ao entendimento compactuado pela maior parte da doutrina, segundo o qual "a deliberação plenária não é capaz de imunizar a utilização das CPIs como instrumento de desvio de poder legislativo. Ao contrário, não raro é a manifestação da maioria que poderá substanciar ato de perseguição das minorias, que poderá promover a investigação com escopo político eleitoreiro, que eventualmente constituirá óbice a importantes fiscalizações (caso a maioria dê base de sustentação política) ao Poder Executivo e que ocultará o desvelamento de inúmeros fatos que coloquem em jogo seus interesses perante o eleitorado. Logo, o direito da minoria parlamentar não pode ser visto apenas como requisito autorizativo deflagrador da manifestação plenária. Se fosse assim não seria compreensível a razão de exigir-se o terço mas não se deixar que o requerimento seja encaminhado por um único parlamentar, na linha de raciocínio contestada, uma vez que o senhor último da decisão sempre seria o Plenário. Este modelo de interpretação levaria, mais uma vez, à sustentação de fraude à Constituição".[26]

Necessário consignar-se que, em 1º de agosto de 2006, o Supremo Tribunal Federal, quando do julgamento da Ação Direta de Inconstitucionalidade – ADI 3619/SP, declarou a inconstitucionalidade de fragmento do texto normativo constante do § 1º do artigo 34, e o inciso I do artigo 170, ambos da Consolidação do Regimento Interno da Assembleia Legislativa do Estado de São Paulo,[27] que esta-

---

[26] SCHIER, Paulo Ricardo. *Comissões Parlamentares de Inquérito e o Conceito de Fato Determinado*. Rio de Janeiro: Lumen Juris, 2005, p. 62.

[27] "Art. 34. [...]

§ 1º O requerimento propondo a constituição de Comissão Parlamentar de Inquérito só será submetido à discussão e votação decorridas 24 horas de sua apresentação, e deverá indicar, desde logo:

1. a finalidade;

2. o número de membros;

belece, como requisito à criação de Comissão Parlamentar de Inquérito, a aprovação do respectivo requerimento em Plenário. Na ocasião, a Corte Suprema manifestou-se como sendo inconstitucional o trecho *"só será submetido à discussão e votação decorridas 24 horas de sua apresentação [...]"* constante do mencionado dispositivo, na medida em que determina requisito de instauração estranho àqueles enumerados pelo legislador constituinte, preceito de observância compulsória pelas casas legislativas estaduais, conforme reza o princípio da simetria:

> A Constituição do Brasil assegura a um terço dos membros da Câmara dos Deputados e a um terço dos membros do Senado Federal a criação da comissão parlamentar de inquérito, deixando *porém* ao próprio parlamento o seu destino. Em outros termos, a Constituição não assegura que as CPIs criadas nos termos do § 3º do seu artigo 58 funcionem segundo os exclusivos desígnios de um terço dos membros da Câmara ou do Senado. Mas garante a um terço dos membros da Câmara dos Deputados, ou do Senado – não simplesmente às minorias – o direito à criação de comissões parlamentares de inquérito, o que supõe a sua instalação. O seu funcionamento é afetado unicamente pelos efeitos do debate parlamentar, no embate entre as forças políticas que atuam nos parlamentos.
>
> 4. Essa garantia assegurada a um terço dos membros da Câmara ou do Senado estende-se aos membros das assembléias legislativas estaduais. É certo que, em decorrência do pacto federativo, o modelo federal de criação e instauração das comissões parlamentares de inquérito constitui matéria a ser compulsoriamente observada pelas casas legislativas estaduais.
>
> [...]
>
> 7. Tem-se, destarte, que a criação da CPI – no caso do requerimento dessa criação por um terço dos membros do Senado Federal ou, como no caso dos autos, por um terço dos componentes da Casa legislativa estadual – é determinada no ato mesmo da apresentação desse requerimento ao Presidente do Senado ou da Assembléia Legislativa.

---

3. o prazo de funcionamento".

"Art. 170 – Será escrito, dependerá de deliberação do Plenário e sofrerá discussão o requerimento que solicite:

I – constituição de Comissão Parlamentar de Inquérito;"

Independe de deliberação plenária, como enfatizei em voto proferido no julgamento MS n. 24.831, Relator o Ministro Celso de Mello, Sessão do dia 22.06.2005. Bem nesta linha, a observação de Pontes de Miranda: apresentado o requerimento com o número de assinaturas exigido pela Constituição Federal, tem-se a criação da comissão parlamentar de inquérito – o que foi reafirmado por esta Corte na Representação n. 1.183-6, Pleno, relator o Ministro Moreira Alves.

8. Ao Presidente da Assembléia Legislativa, considerando-o formalmente correto, cumpre ordenar que o requerimento seja numerado e publicado. Mas já neste momento ter-se-á por criada a CPI. A publicação do requerimento tem efeito meramente declaratório, dando publicidade a ato anterior, constitutivo da criação da comissão. Essa constituição se completa, para os efeitos da garantia constitucional, na e com a instalação da comissão, o que supõe a reunião, com qualquer número, dos seus membros. Desde esse momento penetramos o campo do funcionamento da CPI. No ato da apresentação do requerimento ao Presidente da Assembléia Legislativa, desde que cumpridos os requisitos necessários, surge a comissão, cabendo aos subscritores do requerimento, *após* numerado, lido e publicado, reunirem-se, com qualquer número, para materializar sua instalação.

9. Daí porque se há de ter, na garantia da criação de comissão parlamentar de inquérito mediante requerimento de um terço dos membros da Assembléia Legislativa, a garantia da sua instalação independentemente de deliberação do plenário. A sujeição do requerimento de criação da comissão a essa deliberação equivaleria a frustração da própria garantia. As minorias – *vale* dizer, um terço dos membros da Assembléia Legislativa – já não mais deteriam o direito à criação da comissão parlamentar de inquérito, que passaria a depender de decisão da maioria, tal como expressa no plenário.

10. Quanto ao trecho contido no artigo 37, § 1º – só será submetido à discussão e votação decorridas 24 horas de sua apresentação, e – é também adverso ao texto constitucional. Não há razão para a submissão do requerimento de constituição de CPI a qualquer outro órgão da Assembléia Legislativa. Os requisitos indispensáveis à criação das comissões parlamentares de inquérito estão dispostos, estritamente, no artigo 58 da CB/88. O requerimento de um terço dos seus membros é bastante e suficiente à instauração da comissão.

Infere-se, portanto, que a criação das comissões parlamentares de inquérito podem decorrer tão somente (I) do requerimento de um terço dos membros da Câmara

Legislativa, independentemente de deliberação plenária,[28] ou (II) pela deliberação plenária da câmara por parte da maioria absoluta, na hipótese de não ser alcançado o *quorum* de um terço, para requerer a criação de uma Comissão Parlamentar de Inquérito.[29]

2.3. Composição numérica e proporcionalidade

A Constituição da República preceitua que, uma vez deferido o requerimento de instauração da Comissão Parlamentar de Inquérito, subscrito por um terço dos membros da Casa Legislativa, proceder-se-á à nomeação dos integrantes da comissão de inquérito pela respectiva Mesa diretora, a qual observará, *"tanto quanto possível*, o princípio da *proporcionalidade da representação partidária"* insculpido no artigo 58, § 1°, da Carta Política.

Assim estabelece o dispositivo constitucional em comento, *verbis*:

> § 1º Na constituição das Mesas e de cada Comissão, é assegurada, tanto quanto possível, a representação proporcional dos partidos ou dos blocos parlamentares que participam da respectiva Casa.

Inicialmente, cumpre referir que o legislador constitucional não logrou delimitar a quantidade numérica de parlamentares que poderão compor a Comissão de Inquérito. Lacuna esta que sequer restou satisfeita em nível in-

---

[28] "Ementa – Apreciação em Duplo Grau de Jurisdição. Mandado de Segurança. Requerimento da Instituição de Cpi. Submissão à Deliberação Plenária. Ilegalidade. O requerimento de constituição de Comissão Parlamentar de Inquérito subscrito por 1/3 (um terço) dos membros da casa legislativa não necessita ser submetido a plenário". (TJRO – Reexame Necessário, Proc. n° 20000019990026027, Relator(a): Desembargador Eurico Montenegro, Julgado em 01.3.2000)

[29] BARACHO, José Alfredo de Oliveira. *Teoria geral das comissões parlamentares: comissões parlamentares de inquérito*. 2ª ed. Rio de Janeiro: Forense, 2001, p. 140.

fraconstitucional, conforme se denota da leitura da Lei nº 1.579/52.

Assim sendo, a teor do *caput* do artigo 58 da Lei Fundamental, a regulamentação do procedimento de escolha dos parlamentares que tomarão assento na comissão processante ficou a cargo dos respectivos regimentos internos das Casas Legislativas.

Como regra, as Comissões Parlamentares de Inquérito compor-se-ão do número de membros previstos no próprio ato ou requerimento de constituição, indicado conforme a necessidade apurada pelo próprio proponente[30] – observadas as peculiaridades constantes no regimento interno da respectiva Casa Legislativa.[31] Recebido o requerimento, o Presidente mandará numerá-lo e publicá-lo, desde que satisfeitos os requisitos legais e constitucionais. Caso contrário, devolvê-lo-á ao autor, cabendo, dessa decisão, recurso ao Plenário. Ato contínuo, o Presidente determinará aos líderes – respeitada, tanto quanto possível, a proporcionalidade partidária[32] – a indicação

---

[30] Regra distinta é encontrada, *v.g.*, no art. 114 do Regimento Interno da AL/RN, porquanto delegou à Mesa a tomada de providências para a fixação do número de seus membros posteriormente ao recebimento ou aprovação do requerimento de constituição de Comissão Parlamentar de Inquérito.

[31] O Tribunal de Justiça do Estado do Rio Grande do Sul, nos autos do Agravo de Instrumento nº 70023658396, de relatoria do Desembargador Paulo de Tarso Vieira Sanseverino, entendeu pela impossibilidade de o Poder Judiciário estabelecer o número de membros a compor Comissão Parlamentar de Inquérito, diante da expressa previsão no Regimento Interno da Câmara de Vereadores de São Francisco de Assis do número mínimo de três vereadores (art. 47). Decidiu a Corte no sentido da restrição do controle jurisdicional, tendo em vista o respeito à separação e harmonia entre os poderes.

[32] "Ementa: Administrativo Constitucional Comissão Parlamentar de Inquérito Composição Partidos Proporcionalidade Inobservância Infringência do art. 58, § 1º, da CF/88. Apreciação pelo Judiciário. Atos dos demais poderes, praticados em afronta às normas constitucionais, autoriza a apreciação da matéria pelo Judiciário sem ofensa ao art. 2º da CF/88. O Ato de composição de Comissões Parlamentares de Inquérito, que não obedecer o princípio da proporcionalidade partidária, tanto quanto possível, nos termos do § 1º do art. 58 da CF/88, deve ser justificado, sob pena de apresentar-se com a pecha de inconstitucionalidade".

dos respectivos membros dos Partidos para, nomeando-
-os, constituir a Comissão.[33]

Nas lições de Alexandre Issa Kimura,[34] "a representação proporcional na composição da comissão de inquérito tenta assegurar o máximo possível de imparcialidade na condução dos trabalhos investigados".

Não se resume a isso. Com tal previsão, o legislador pretendeu certificar, na medida do possível, a exteriorização, sem exclusões, da vontade social manifestada no último pleito eleitoral.

O saudoso doutrinador Nelson de Souza Sampaio, com maestria, bem elucida o alcance do termo:

> [...[a expressão "representação proporcional" tem sentido plenamente definido na linguagem político-jurídica. Esse sentido é o mesmo tanto para a formação da câmara como para a composição de suas comissões. Não se justifica que se entendam de modo diverso idênticas palavras da mesma terminologia. Assim como, pela representação proporcional, só figuram nas Câmaras os partidos que obtiveram, uma ou mais vezes, o quociente eleitoral, de igual modo a representação das bancadas nas comissões dependerá do cálculo de proporcionalidade. Do contrário, todas as comissões legislativas deveriam ser compostas de, pelo menos, tantos membros quanto fossem os partidos represen-

---

(TJPA – Ag Instr. nº 200730052385, Relator(a): Desembargador Dahil Paraense de Souza, Órgão Julgador: 2ª Câmara Cível Isolada, Publicação: 20.2.2008)

[33] Necessário deixar assentado, a recusa intencional dos líderes das agremiações majoritárias em indicar membros para compor determinada Comissão Parlamentar de Inquérito, com o nítido propósito de frustrar o exercício, pelos grupos minoritários que atuam na Casa Legislativa, do direito público subjetivo que lhes é assegurado pelo art. 58, § 3º, da Constituição e que lhes confere a prerrogativa de ver efetivamente instaurada a investigação parlamentar em torno de fato determinado e por período certo, não tem, nem pode ter, o condão de inviabilizar sua criação, a organização e o funcionamento. Neste caso, subsiste o dever do Poder Judiciário de suprir tal falta a fim de que seja possibilitado aos parlamentares que a requereram sua efetivação, uma vez que a sua constituição ocorre *juris et de jure* com a apresentação do requerimento. Nesse sentido: STF – MS 24831, Relator(a): Min. Celso de Mello, Tribunal Pleno, julgado em 22.6.2005, DJ 4.8.2006.

[34] KIMURA, Alexandre Issa. *CPI: Teoria e Prática*, São Paulo: Juarez de Oliveira, 2001, p. 43.

tados na respectiva Câmara. De acordo com esse raciocínio, seriam inconstitucionais todos os regimentos internos dos legislativos brasileiros, pois nenhum obedece a esse princípio. No entanto, jamais se argüiu tal inconstitucionalidade em relação às comissões permanentes. O inverso é que seria inconstitucional, uma vez que equivaleria a dar força desproporcional às pequenas bancadas, ainda quando formadas de um só representante. Por esse caminho se chegaria ao resultado paradoxal de inverter o preceito constitucional, consagrando-se a regra da desproporcionalidade. Ademais, o princípio seria inviável na prática. Numa Câmara como a Federal, onde pululam as comissões permanentes e de inquérito, um partido cuja bancada contasse com um ou dois deputados teria de exigir deles, além de sobre-humana capacidade de trabalho, o dom da ubiqüidade. Sem tais atributos, o direito de figurar em todas as comissões não passaria de um luxo para as bancadas de semelhante dimensão.[35]

Neste ínterim, cabe salientar que o princípio da proporcionalidade no âmbito das Comissões Parlamentares de Inquérito, considerando sua natureza temporária, tem aplicação somente no momento de sua instalação, ao passo que na composição das comissões permanentes, em linha de princípio, deve ser considerada a proporcionalidade no início dos trabalhos da primeira e da terceira sessões legislativas de cada legislatura.[36]

Ao acompanhar tal preceito, impõe-se obstáculos a eventuais desfiliações partidárias de integrantes da Comissão, após sua instalação, com o intuito de barrar o andamento das investigações, ao argumento de malferimento ao aludido princípio.

De outra banda, apesar da clareza do texto constitucional, a expressão *tanto quanto possível*, insculpida no § 1º

---

[35] SAMPAIO, Nelson de Souza. *Do Inquérito Parlamentar.* Rio de Janeiro: Fundação Getúlio Vargas, 1964. p. 39-40.

[36] Neste sentido, entendeu o Órgão Especial do Tribunal de Justiça do Estado do Rio Grande do Sul nos autos do Agravo Regimental nº 70031886708, de relatoria do Desembargador Francisco José Moesch, Julgado em 19.10.2009. *Vide* art. 26 do RI da AL do Estado de São Paulo.

do art. 58 da Carta Política, acabou por ensejar inúmeras discussões nos campos doutrinário e jurisprudencial.

Afora isso, conforme bem ilustra a doutrina de Andyara Klopstock Sproesser:

> A expressão "tanto quanto possível" traz em si, inegavelmente, o propósito de abrandar o rigor da regra, permitindo que a disputa política, essencial ao processo parlamentar, não leve ao puro e simples predomínio da maioria sobre a minoria, mas, ao contrário, possa levar à composição dessas forças. Tal composição se viabilizaria em razão do abrandamento do rigor da fórmula aritmética empregada no cálculo do número de lugares a que fazem jus as Bancadas e os Blocos parlamentares nas Comissões, dentre as quais a CPI.
> A regra constitucional da proporcionalidade, pois, é, relativa, afinada com as peculiaridades da vida parlamentar. Sua aplicação rigorosa certamente haveria de chocar-se até mesmo com as necessidades e conveniências da vida política. É com esse princípio, pois, que devem aplicar-se os dispositivos regimentais [...] pertinentes às composição da CPI.[37]

Cumpre destacar que, eventualmente, dúvidas poderão surgir quando o texto regimental da respectiva Câmara afigurar-se omisso a respeito da distribuição do número de integrantes na Comissão Parlamentar de Inquérito. Neste caso, entendemos que a fórmula a ser adotada pela Casa Legislativa é aquela definida no artigo 27 do Regimento Interno da Câmara dos Deputados, que, não obstante o rigor matemático da regra, estabelece de forma clara o procedimento. Assim dispõe a norma:

> Art. 27. A representação numérica das bancadas em cada Comissão será estabelecida com a divisão do número de membros do Partido ou Bloco Parlamentar [...] pelo quociente resultante da divisão do número de membros da Câmara pelo número de membros da Comissão; o inteiro do quociente assim obtido, denominado quociente partidário, representará o número de lugares a que o Partido ou Bloco Parlamentar poderá concorrer na Comissão.

---

[37] SPROESSER, Andyara Klopstock. *A Comissão Parlamentar de Inquérito – CPI no Ordenamento Jurídico Brasileiro*. São Paulo: Assembléia Legislativa do Estado de São Paulo, 2008, p. 240.

§ 1º As vagas que sobrarem, uma vez aplicado o critério do *caput*, serão destinadas aos Partidos ou Blocos Parlamentares, levando-se em conta as frações do quociente partidário, da maior para a menor.

Nesse sentido, não se pode perder de vista que, nos termos dos artigos art. 23 e art. 33, § 2º, do mesmo diploma legal,[38] a participação das minorias na constituição das Comissões está assegurada, *ainda que pela proporcionalidade não lhe caiba lugar*. Tal regra cuida, na verdade, do abrandamento do princípio da proporcionalidade, na medida em que garante a inclusão na composição da Comissão de Inquérito, ao menos, de um representante da Minoria, se a proporcionalidade não lhe der representação.[39]

Segundo os ensinamentos de Andyara Klopstock Sproesser, "no caso da CPI, parece ainda mais justificável o abrandamento do princípio, para especialmente permitir a participação de forças minoritárias, participação entendida como necessária no Estado de Direito, a partir do exemplo alemão. Não há negar que as conclusões do Relatório final de alguma CPI serão mais aceitáveis pela opinião pública em geral quando nelas tiver havido a colaboração de representantes de mais de uma corrente de pensamento político, de mais de um interesse religioso, social ou econômico, de mais de um Partido Político, enfim.

A cláusula *tanto quanto possível*, pois, consagra regra de prudência política, tendente a evitar o *absolutismo da maioria* sobre a *minoria*, fórmula que, nos dias atuais, cer-

---

[38] "Art. 23. Na constituição das Comissões assegurar-se-á, tanto quanto possível, a representação proporcional dos Partidos e dos Blocos Parlamentares que participem da Casa, incluindo-se sempre um membro da Minoria, ainda que pela proporcionalidade não lhe caiba lugar".

"Art. 33. As Comissões Temporárias são:

[...]

§ 2º Na constituição das Comissões Temporárias observar-se-á o rodízio entre as bancadas não contempladas, de tal forma que todos os Partidos ou Blocos Parlamentares possam fazer-se representar".

[39] *Vide* art. 10 do Regimento Comum do Congresso Nacional.

tamente não levaria à pacificação das forças, mas à revolução, do mesmo modo como, no passado, o *absolutismo da minoria* sobre a *maioria* o fez. O ideal político, pois, não está no absolutismo das posições; até porque esse absolutismo não se coaduna com a regra constitucional inscrita do inc. V do art. 1º da Constituição, a dizer que o Estado Democrático de Direito brasileiro tem como um dos seus fundamentos o *pluralismo político"*.[40][41]

De qualquer sorte, há que se destacar a fórmula constante do artigo 27 do Regimento Interno da Câmara dos Deputados não possui caráter absoluto, cogente, impediti-

---

[40] SPROESSER, Andyara Klopstock. *A Comissão Parlamentar de Inquérito – CPI no Ordenamento Jurídico Brasileiro.* São Paulo: Assembléia Legislativa do Estado de São Paulo, 2008. p. 241-242.

[41] Segundo Eduardo Fortunato Bim, (in *Composição partidária proporcional nas comissões parlamentares (CF, artigo 58, § 1º) e o pensamento do possível: o direito da minoria à efetivação da CPI),* "o argumento de que a ausência de proporcionalidade inviabilizaria a comissão parlamentar não procede, porque a locução 'tanto quanto possível' não se aplica somente a imperfeições matemáticas da sua composição pela aplicação da fórmula da proporcionalidade, aplica-se, também, para que a existência de outros obstáculos, impossibilitando a composição proporcional (como, por exemplo, a recusa, expressa ou tácita, do partido político – inserida no âmbito de sua autonomia, art. 17, CF – de indicar os integrantes a que tenha direito), não maculem a sua validade, desde que, obviamente, ela tenha sido efetivada a melhor maneira possível.

A cláusula tanto quanto possível de representação proporcional partidária (CF, § 1º do art. 58) é a consagração do pensamento do possível em sede constitucional. O constituinte, sabendo das dificuldades de se implementar a proporcionalidade e evitando uma crise de efetividade à instauração das comissões ou mesas, imprescindíveis à vida parlamentar e à democracia republicana, estabeleceu que a proporcionalidade ocorresse na medida que isso fosse possível. Tal solução consagra o pensamento do possível porque cria uma solução acumulativa e compensatória, conduzindo a um desenvolvimento conjunto dos princípios constitucionais da efetivação das comissões e das mesas (e, no caso da CPI, do direito potestativo das minorias de efetiva-la), da fiscalização do Executivo pelo Legislativo, e não ao seu declínio conjunto".

Portanto, "sendo a instalação da CPI um direito potestativo da minoria, como sinônimo do terço parlamentar que a requereu, a declinação dos partidos políticos de indicar membros para a sua composição não impede e nem elimina o dever do órgão responsável na casa legislativa respectiva de efetivar a CPI".

vo de as partes interessadas se comporem de outro modo. Conforme dito anteriormente, trata-se de regra de caráter relativo, de natureza dispositiva, permitindo-se aos interessados que adotem orientação diversa.[42]

2.4. Competência

O terceiro pressuposto, extraído do sistema constitucional, diz respeito ao âmbito de competência das Comissões Parlamentares de Inquérito.

Na definição do constitucionalista José Afonso da Silva, a expressão *competência* trata da "faculdade juridicamente atribuída a uma entidade, órgão ou agente do Poder Público para emitir decisões. Competências são as diversas modalidades de poder de que se servem os órgãos ou entidades estatais para realizar suas funções".[43]

Em se tratando de Comissões Parlamentares de Inquérito, a competência é reflexo da competência do órgão legislativo, ou seja, o poder de investigar decorre da competência legislativa constitucionalmente fixada pelo órgão constituinte.

Conforme observa a doutrina de Raul Machado Horta:

Em face da estrutura do poder legislativo, quando ela for bicameral, a competência se vincula a do próprio órgão de que promanou a comissão de inquérito. Assim, comissão de inquérito da Câmara dos Deputados, de acordo com o princípio da competência específica, não poderá investigar matéria que se acha incluída na competência privativa do Senado Federal.

---

[42] SPROESSER, Andyara Klopstock. *A Comissão Parlamentar de Inquérito – CPI no Ordenamento Jurídico Brasileiro*. São Paulo: Assembléia Legislativa do Estado de São Paulo, 2008, p. 240.

[43] SILVA, José Afonso. *Curso de Direito Constitucional Positivo*. 9ª ed. São Paulo: Malheiros, 1992.

A competência da comissão de inquérito deve ainda ser encarada em função da distribuição de competência realizada pelo texto constitucional. Esse aspecto adquire particular relevo no Estado federal, caracterizado pela dualidade dos ordenamentos jurídicos. A Constituição Federal é a fonte das competências e ela demarca as fronteiras normativas de cada ordenamento.[44]

Na ordem constitucional vigente, o princípio geral que norteia a repartição de competência entre as entidades componentes do Estado Federal é o da predominância do interesse, pelo qual caberá à União aquelas matérias e questões de predominância do interesse geral (nacional), ao passo que aos Estados tocarão as matérias de predominante interesse regional e aos municípios concernem os assuntos de interesse local. Em relação ao Distrito Federal, por expressa disposição constitucional (CF, art. 32, § 1º), acumulam-se, em regra, as competências estaduais e municipais, com a exceção prevista no art. 22, XVII, da Constituição.[45]

Ressalta-se, por oportuno, embora a repartição competencial promovida pelo legislador constituinte, no que toca às matérias de trato privativo e exclusivo atribuídas aos entes federados, não demande grandes incertezas, a esfera das competências concorrentes e suplementares, em que a União detém a competência de expedição de normas gerais, deve ser analisada com maior desvelo.

Nesta seara, adverte Paulo Ricardo Schier que:

> Mesmo na esfera das competências concorrentes, onde a União possui autorização para atuação no sentido de expedição de normas gerais, há de se entender que hipotética investigação parlamentar deverá

---

[44] HORTA, Raul Machado. *"Limitações constitucionais dos poderes de investigação"*, in: *Revista de Direito Público*, nº 5, São Paulo, julho a setembro de 1968, p. 38.

[45] "Art. 22. Compete privativamente à União legislar sobre:

[...]

XVII – organização judiciária, do Ministério Público e da Defensoria Pública do Distrito Federal e dos Territórios, bem como organização administrativa destes;"

ter como fundamentação escopos legislativos, não podendo atingir a eventual execução de serviços dele decorrentes quando esta atividade estiver ao encargo dos Estados. É o que ocorre, por exemplo, no plano da educação. Trata-se de matéria de competência concorrente (art. 24, IX). A União edita normas gerais (art. 24, § 1º). Todavia, no que pertine com o ensino fundamental e médio, a atuação material prioritária é dos Estados e do Distrito Federal (art. 211, § 3º). Parece, nesta linha, que a competência para investigação parlamentar de inquérito que tenha por objeto o mal funcionamento dos serviços de educação de uma determinada escola secundária estadual será da Assembleia Legislativa. *A União somente poderá investigar aspectos ligados a questões legislativas mais amplas,* justificadas no espectro normativo geral. Diferente seria a situação se o objeto da investigação não fosse a prestação do serviço em si mas o desvio de verbas em dada escola pública estadual. Aqui restaria legitimada a eventual investigação do Parlamento Nacional em vista de que o art. 212, § 1º, da Carta Magna, impõe repasse de verbas da União para outros níveis da federação como auxílio de custeio da educação, justificando, logo, a fiscalização do montante investido.

Ou seja, o simples fato da matéria ser de competência concorrente ou, então, de haver grande concentração legislativa/administrativa no Plano da União não poderá levar à premissa de que o Parlamento Nacional pode tudo. Há que se investigar, em cada situação concreta, o arranjo constitucional de competências. Quaisquer conclusões apressadas, em sentido contrário, poderá aviltar o sistema de distribuição das competências federativas.[46]

Nesse ínterim, cumpre esclarecer que, se acaso a Comissão de Inquérito apurar algum fato que nela não se compreenda, desobedecendo à moldura de competência da Casa Legislativa,[47] deverá comunicar a quem de direito o que houver apurado, para que, se assim julgar necessá-

---

[46] SCHIER, Paulo Ricardo. *Comissões Parlamentares de Inquérito e o Conceito de Fato Determinado.* Rio de Janeiro: Lumen Juris, 2005. p. 78-79.

[47] "Ementa: Administrativo – Investigação do uso de verbas estaduais oriundas de subvenção social – Instauração de CPI por Câmara Municipal – Invasão de competência da Assembléia Legislativa do Estado". (TJMG – Apelação Cível nº 1.0000.00.194243-2/000(1), Relator(a): Min. ABREU LEITE, Segunda Câmara Cível, Julgado em 22/05/2001)

rio, instaure investigações a respeito e adote as providências que convierem.[48]

Ainda no plano competencial, sublinhe-se, por derradeiro, que embora os atos tipicamente jurisdicionais não possam ser objeto de controle parlamentar, em observância aos limites do princípio da separação dos poderes e da reserva da jurisdição, tais preceitos constitucionais não possuem o condão de impedir que as comissões parlamentares de inquérito investiguem fatos que estão sob investigação policial ou julgamento ou investigação processual no Judiciário, conforme decidiu o Pleno do Supremo Tribunal Federal, nos autos do Mandado de Segurança n° 23639/DF.[49]

2.5. Fato determinado

Outra exigência indispensável para a instauração das Comissões Parlamentares de Inquérito reside na necessidade de que previamente se especifique, no requerimento

---

[48] SPROESSER, Andyara Klopstock. *A Comissão Parlamentar de Inquérito – CPI no Ordenamento Jurídico Brasileiro.* São Paulo: Assembléia Legislativa do Estado de São Paulo, 2008, p. 229.

[49] "Ementa: Comissão Parlamentar de Inquérito – Quebra de Sigilo Adequadamente Fundamentada – Validade – Existência Simultânea de Procedimento Penal em Curso Perante o Poder Judiciário Local – Circunstância que Não Impede a Instauração, Sobre Fatos Conexos ao Evento Delituoso, da Pertinente Investigação Parlamentar – Mandado de Segurança Indeferido. A Quebra Fundamentada do Sigilo Inclui-se na Esfera de Competência Investigatória das Comissões Parlamentares de Inquérito. – *omissis.. Autonomia da investigação parlamentar. – O inquérito parlamentar, realizado por qualquer CPI, qualifica-se como procedimento jurídico-constitucional revestido de autonomia e dotado de finalidade própria, circunstância esta que permite à Comissão legislativa – sempre respeitados os limites inerentes à competência material do Poder Legislativo e observados os fatos determinados que ditaram a sua constituição – promover a pertinente investigação, ainda que os atos investigatórios possam incidir, eventualmente, sobre aspectos referentes a acontecimentos sujeito s a inquéritos policiais ou a processos judiciais que guardem conexão com o evento principal objeto da apuração congressual. Doutrina".*(STF – MS 23639, Relator(a): Min. Celso de Mello, Tribunal Pleno, Julgado em 16.11.2000)

de criação, qual será o fato objeto das investigações promovidas pela Casa Legislativa. Tal requisito denomina-se *fato determinado*.

A conceituação de "fato determinado" consubstancia um dos pontos de mais difícil interpretação do art. 58, § 3º, da Constituição Federal de 1988, haja vista que o ordenamento jurídico conferiu pouco trato a sua delimitação. Em nível infraconstitucional, encontra-se previsto no artigo 1º da Lei nº 1.579/52, o qual dispõe que "as Comissões Parlamentares de Inquérito, criadas na forma do art. 53 da Constituição Federal (atual artigo 58, § 3º), terão ampla ação nas pesquisas destinadas a apurar os fatos determinados que deram origem à sua formação".

A melhor doutrina leciona que "o fato determinado é o que está caracterizado no mundo fenomênico, preciso em seu conteúdo e delimitado em extensão, que gera situação de irregularidade frente ao ordenamento jurídico ou anormalidade em face do interesse público. O fato não pode ser *vago, impreciso*, todavia, outros fatos, desde que intimamente relacionados com o principal, podem ser objeto de investigação".[50]

Nesse mesmo diapasão, o magistério do professor Nelson de Souza Sampaio ensina que "fatos vagos, imprecisos, que não se sabem onde nem quando se passaram, são meras conjeturas que não podem constituir objeto de investigação. Mas não basta que se aponte um fato determinado para que se justifique o pedido de inquérito. Está implícita a exigência de que trate de fato que se prenda à atividade legislativa, fiscalizadora ou de esclarecimento público de câmara que vai proceder ao inquérito. Não se pode pedir uma investigação parlamentar sobre a falência de uma firma que não tenha negócios com o poder público, como não se pode pedi-la para descobrir as causas do

---

[50] KIMURA, Alexandre Issa. *CPI: Teoria e Prática. CPI: Teoria e Prática*, São Paulo: Juarez de Oliveira, 2001, p. 38.

C P I – Descomplicada

39

desquite de determinado casal. Mas é legítimo requerê-la para perquirir o fato determinado (de ordem estatística) do número crescente de falências na praça ou do progressivo índice de desagregação da família".[51]

Oportuno destacar que o Regimento Interno da Câmara dos Deputados, em seu artigo 35, § 1°, descreve o fato determinado como sendo o "acontecimento de relevante interesse para a vida pública e a ordem constitucional, legal, econômica e social do País, que estiver devidamente caracterizado no requerimento de constituição da Comissão".[52]

Conjugando a referida norma regimental com as disposições constantes do artigo 58, § 3°, da Carta Magna, conclui-se não basta que o fato objeto das investigações esteja caracterizado de forma clara e inequívoca no requerimento que deu origem à comissão, bem assim seja subscrito por um terço do Corpo Legislativo. Torna-se imprescindível que o instrumento apuratório seja empregado de forma a perquirir tão somente aqueles fatos que sejam de relevante interesse público/estatal, que demandem investigação, elucidação e fiscalização pelo Poder Legislativo.

Assim, na dicção do Ministro Celso de Mello,[53] "somente fatos determinados, concretos e individuais, ainda que múltiplos, que sejam de relevante interesse para a vida política, econômica, jurídica e social do Estado, são passíveis de investigação parlamentar. Constitui verdadeiro abuso instaurar-se inquérito legislativo com o fito de investigar fatos genericamente enunciados, vagos ou indefinidos".

---

[51] *Do Inquérito Parlamentar*, Rio de Janeiro: Fundação Getúlio Vargas, 1964, p. 35.

[52] Previsão semelhante é encontrada nos Regimentos Internos das Casas Legislativas do país. Dentre outras, art. 30, § 4°, do RI da AL/RJ, art. 37, § 2°, do RI da AL/AP, art. 53, § 2°, do RI da AL/CE, art. 72, § 1°, do RI da AL/DF, art. 59, § 2°, do RI da AL/ES, art. 48, § 1°, do RI da AL/GO, art. 31, § 1°, do RI da AL/MA.

[53] *Investigação Parlamentar Estadual: as Comissões especiais de inquérito"*, Justitia, n. 121-150, v. 45, abril/junho de 1983".

No respeitante à obrigatoriedade de indicação do fato determinado no ato de criação da CPI, já se pronunciou o Egrégio Tribunal de Justiça do Estado do Rio Grande do Sul, conforme se extrai do seguinte acórdão:

> CONSTITUCIONAL. COMISSÃO PARLAMENTAR DE INQUÉRIO. INSTAURAÇÃO. INDICAÇÃO DE FATO DETERMINADO. OBRIGATO-RIEDADE. 1. O requerimento para instauração de Comissão Parlamentar de Inquérito obrigatoriamente deverá indicar fato determinado a ser investigado, em observância ao art. 58, § 3º da CF/88. Muito embora a conceituação de "fato determinado" seja um dos pontos de mais difícil interpretação do art. 58, § 3º da CF/88, existe consenso sobre a necessidade da exata delimitação do fato a ser investigado, de sua eventual qualificação jurídica e de sua conexão com as atribuições conferidas ao Poder Legislativo. 2. Agravo de Instrumento provido. (TJRS, Agravo de Instrumento Nº 70013185921, Julgado em 21.12.2005)

De não descuidar, conforme salientado acima, que a Comissão Parlamentar de Inquérito, não obstante destinar-se a apurar fatos específicos, designados no ato de sua formação, não está impedida de alastrar suas averiguações a fatos conexos ao principal que exsurjam no decorrer das investigações, porquanto, "se os fatos se relacionam estreitamente, não há razão plausível para se instaurar inquéritos independentes, recomendando o bom senso jurídico sua investigação pela mesma CPI, em atenção, especificamente, à conveniência de unidade procedimental na execução dos trabalhos".[54]

Isto é o que disciplina o artigo 5º, § 1º, da Lei nº 1.579/52, *in verbis:*

> § 1º Se forem diversos os fatos objeto de inquérito, a comissão dirá, em separado, sobre cada um, podendo fazê-lo antes mesmo de finda a investigação dos demais.

Apreciando a questão, o Pleno do Supremo Tribunal Federal, nos autos do *Habeas Corpus* nº 71.231/RJ,[55] de

---

[54] SALGADO, Plínio. *Comissões Parlamentares de Inquérito: doutrina, jurisprudência e legislação.* Belo Horizonte: Del Rey, 2001, p. 62.

[55] STF – HC n. 71.231/RJ, Relator(a): CARLOS VELLOSO, Julgamento: 4.5.1994, Órgão Julgador: Tribunal Pleno, Publicação: DJ 31.10.1996.

relatoria do Ministro Carlos Velloso, decidiu que *"a CPI, apurando o fato que determinou a sua constituição [...], não está impedida de investigar fatos que se ligam, intimamente, com o fato principal"*, conforme se denota da ementa doravante transcrita:

> CONSTITUCIONAL. COMISSÃO PARLAMENTAR DE INQUÉRITO: FATO DETERMINADO E PRAZO CERTO. OMISSIS. I. – A Comissão Parlamentar de Inquérito deve apurar fato determinado. C.F., art. 58, § 3º. Todavia, não está impedida de investigar *fatos que se ligam, intimamente, com o fato principal*. II. – Prazo certo: o Supremo Tribunal Federal, julgando o HC nº 71.193-SP, decidiu que a locução "prazo certo", inscrita no § 3º do artigo 58 da Constituição, não impede prorrogações sucessivas dentro da legislatura, nos termos da Lei 1.579/52. III. – Omissis . IV. – *Omissis*.

No voto proferido pelo relator, ao reportar-se ao parecer da lavra do Subprocurador-Geral Cláudio Lemos Fonteles, asseverou:

> [...] se no procedimento apuratório linhas de perquirição são abertas, dentro da motivação basilar, que no caso está na segurança do sistema previdenciário, nada impede sejam exploradas tais vias integradas ao objetivo maior.

Nessa mesma órbita, a doutrina de Plínio Salgado destaca que "se os fatos se relacionam estreitamente, não há razão plausível para se instaurar inquéritos independentes, recomendando o bom sendo jurídico sua investigação pela mesma CPI, em atenção, especificamente, à conveniência de unidade procedimental na execução dos trabalhos".[56]

Demais disso, repise-se que a aplicação do conceito doutrinário de fato determinado ao fato concreto que se pretende investigar, com o intuito de saber se este é ou não determinado, no mais das vezes, é tarefa de extrema com-

---

[56] SALGADO, Plínio. *Comissões Parlamentares de Inquérito: doutrina, jurisprudência e legislação.* Belo Horizonte: Del Rey, 2001, p. 62.

plexidade.[57] Em razão disso, em que pese seja a interpretação dos dispositivos caracterizados como atos *interna corporis* do Poder Legislativo – por via de regra imune a críticas do Poder Judiciário[58] –, nada impede, acaso subsistam incertezas quanto à efetiva caracterização (legalidade) do fato determinado no instrumento de instauração da Comissão Parlamentar, seja a questão levada à apreciação judicial.

---

[57] KIMURA, Alexandre Issa. *CPI: Teoria e Prática*, São Paulo: Juares de Oliveira, 2001, p. 42.

[58] De modo contrário, estar-se-ia malferindo o princípio da separação dos Poderes por ingerência indevida do Poder Judiciário no Poder Legislativo. Nada obstante, decidiu o Supremo Tribunal Federal nos autos do MS nº 23.452/RJ, de relatoria do Ministro Celso de Mello: "O sistema constitucional brasileiro, ao consagrar o princípio da limitação de poderes, teve por objetivo instituir modelo destinado a impedir a formação de instâncias hegemônicas de poder no âmbito do Estado, em ordem a neutralizar, no plano político-jurídico, a possibilidade de dominação institucional de qualquer dos Poderes da República sobre os demais órgãos da soberania nacional.

Com a finalidade de impedir que o exercício abusivo das prerrogativas estatais pudesse conduzir a práticas que transgredissem o regime das liberdades públicas e que sufocassem, pela opressão do poder, os direitos e garantias individuais, atribuiu-se ao Poder Judiciário a função eminente de controlar os excessos cometidos por qualquer das esferas governamentais.

Dentro desse contexto, impende registrar que os atos das Comissões Parlamentares de Inquérito são passíveis de controle jurisdicional, sempre que, de seu eventual exercício abusivo, derivarem injustas lesões ao regime das liberdades públicas e à integridade dos direitos e garantias individuais.

Desse modo, as ofensas ao *status libertatis* ou a direitos outros titularizados por pessoas ou entidades que sofram as conseqüências prejudiciais da ação eventualmente arbitrária de uma CPI tornam-se suscetíveis de reparação por efeito de decisões emanadas do Poder Judiciário.

É preciso não perder de perspectiva que, no regime constitucional que consagra o Estado democrático de direito, as decisões políticas emanadas de qualquer das Casas do Congresso Nacional, na medida em que delas derivem conseqüências de ordem jurídica, estão sujeitas ao controle jurisdicional, desde que tomadas com inobservância da Constituição.

Quando estiver em questão a necessidade de impor o respeito à ordem constitucional estabelecida, a invocação do princípio da separação de poderes não terá a virtude de exonerar qualquer das Casas do Congresso Nacional do dever de observar o que prescreve a Lei Fundamental da República".

2.6. Prazo certo

Por fim, o texto constitucional atenta para que a Comissão Parlamentar de Inquérito não perdure de forma indeterminada no tempo, devendo funcionar – uma vez constituída – por *prazo certo*.

Obviamente, assim como o *fato determinado*, a estipulação do prazo de duração da Comissão de Inquérito deve constar expressamente no requerimento de instauração, sob pena de inadmissibilidade do pedido pela da carência de pressuposto de abertura.

Para Uadi Lammêgo Bulos, "a fixação do prazo é um direito público subjetivo dos investigados, os quais devem saber, de antemão, o espaço temporal em que os trabalhos investigatórios serão realizados. Evitam-se, assim, chantagens políticas, ameaças veladas, pressões psicológicas no sentido de se prolongar indefinidamente a CPI, expondo, ainda mais, os nomes das pessoas e entidades perante a opinião pública".[59]

Em linha de princípio, o prazo de funcionamento da Comissão Parlamentar encontra disciplina no próprio regimento interno do Órgão Legislativo,[60] haja vista que a referida norma, conforme já salientado, tem função complementar à Constituição, "sendo o instrumento apropriado a dispor sobre os institutos parlamentares, dentre os quais o das comissões de inquérito".[61] Isso porque, "nascidas com

---

[59] BULOS, Uadi Lammêgo. *Comissão Parlamentar de Inquérito – técnica e prática*. São Paulo: Saraiva, 2001, p. 224.

[60] "Reexame Necessário. Mandado de Segurança. Comissão Parlamentar de Inquérito Não Concluída Dentro do Prazo Legal. Imperiosa Declaração de Nulidade. Sentença Manutenida. – Não tendo sido concluídos os trabalhos da Comissão dentro do prazo estipulado pelo Regimento Interno do Poder Legislativo competente, deve ser declarada sua nulidade, assim como dos atos por ela praticados". (TJSE – Reexame Necessário n° 146/2002, Relator (a): Desembargador José Artêmio Barreto, Julgado em 17.9.2002)

[61] SALGADO, Plínio. *Comissões Parlamentares de Inquérito: doutrina, jurisprudência e legislação*. Belo Horizonte: Del Rey, 2001, p. 76-77.

os parlamentos, advém de sua origem, como é de entendimento lógico, a competente regulação e disciplina na lei interna das Câmaras, ou seja, o seu regimento".[62]

De qualquer sorte, há um certo consenso doutrinário e jurisprudencial no sentido de o limite temporal intransponível de atuação das comissões parlamentares de inquérito – prorrogado o prazo ou não – tratar-se daquele constante do § 2º do art. 5º da Lei nº 1.579/52, *verbis:*

> Art. 5º [...].
> § 1º [...].
> § 2º A incumbência da Comissão Parlamentar de Inquérito termina *com a sessão legislativa em que tiver sido outorgada*, salvo deliberação da respectiva Câmara, prorrogando-a *dentro da Legislatura em curso.*

Dessa forma, as Comissões Parlamentares de Inquérito não somente se submetem à obrigatoriedade de conclusão de suas investigações dentro do lapso temporal previamente estabelecido no ato de sua criação – previsto regimentalmente –, mas também ao tempo de vigência da sessão legislativa – ou legislatura, acaso prorrogado o prazo – em que tiverem sido outorgadas.[63]

De não se olvidar que, a despeito da obrigatoriedade de concluírem-se os trabalhos da comissão de inquérito na mesma sessão legislativa que a instituiu, o § 2º do artigo 5º do multicitado diploma legal flexibilizou a regra em

---

[62] SALGADO, Plínio. *Comissões Parlamentares de Inquérito: doutrina, jurisprudência e legislação.* Belo Horizonte: Del Rey, 2001, p. 76-77.

[63] Importante ressaltar que "sessão legislativa" e "legislatura" não possuem o mesmo significado prático e jurídico. Aquela, a *"sessão legislativa"*, é o período em que o Congresso Nacional se reúne anualmente, compreendido entre os dias 2 de fevereiro a 17 de julho e de 1º de agosto a 22 de dezembro, nos termos do *caput* do art. 57 da Constituição Federal.

Cada sessão legislativa é composta de dois períodos legislativos, sendo um em cada semestre, que são intercalados pelos recessos parlamentares.

A segunda, a *"legislatura"*, é o período durante o qual os parlamentares exercem seu mandato eletivo. No Brasil, a duração da *legislatura* é de quatro anos, compreendendo quatro sessões legislativas ordinárias ou oito períodos legislativos.

discussão ao prever a possibilidade de transposição de tal prazo, desde que deliberado pela respectiva Câmara.

A respeito do tema, preleciona Plínio Salgado:

> [...] as comissões parlamentares de inquérito são criadas para funcionar durante determinado lapso de tempo, conhecido previamente, tendo esse seu caráter temporário sido reafirmado na Lei nº 1.579, de 18.03.52, que, no artigo 5º, § 2º, fixa o seu termo final com o término da sessão legislativa em que se verificar a sua criação. Todavia, o aludido dispositivo legal admite a dilação dos trabalhos da comissão de uma para outra sessão legislativa, condicionando-a à deliberação do Plenário, e cujo encerramento deve ocorrer dentro da legislatura em curso.[64]

Por conseguinte, não obstante a segurança transmitida pela locução *prazo certo*, elencada no § 3º do artigo 58 da Carta Magna, constata-se não possuir o condão de impedir sucessivas prorrogações dentro da mesma legislatura, entendimento este que, inclusive, recebeu chancela do próprio Pretório Excelso.[65] Consectário lógico disso, foi a prorrogação de inúmeras Comissões de Inquérito instauradas pelas Casas Legislativas de todo o país.[66]

A título ilustrativo, transcrevemos trecho da contestadíssima decisão prolatada nos autos do Habeas Corpus nº 71.193/SP, de relatoria do Ministro Sepúlveda Pertence:

---

[64] SALGADO, Plínio. *Comissões Parlamentares de Inquérito: doutrina, jurisprudência e legislação*. Belo Horizonte: Del Rey, 2001, p. 72.

[65] HC 71261/RJ, Relator(a): Min. Sepúlveda Pertence, Tribunal Pleno, julgado em 11.5.1994; HC 71231/RJ, Relator(a): Min. Carlos Velloso, Tribunal Pleno, julgado em 5.5.1994; e HC 71193/SP, Relator(a): Min. Sepúlveda Pertence, Tribunal Pleno, julgado em 6.4.1994.

[66] TJRS – Agravo de Instrumento nº 70026518944, Relator: Marco Aurélio Heinz, Data de Julgamento: 26/11/2008; TJRS – Apelação Cível nº 70010859171, Relator: Leila Vani Pandolfo Machado, Data de Julgamento: 18.8.2005; TJMG – Apelação Cível nº 1.0093.03.003459-4/001; Relator: Fernando Dráulio, Data do Julgamento: 19.1.2006; TJMG – Apelação Cível nº 1.0064.07.000392-2/02, Relator: Edivaldo George dos Santos, Data do Julgamento: 11.8.2009; TJSC – Apelação Cível em Mandado De Segurança nº 2003.029368-0, Relator: Rui Fortes, Data do Julgamento: 27.2.2007.

3. A duração do inquérito parlamentar – com o poder coercitivo sobre particulares, inerentes à sua atividade instrutória e a exposição da honra e da imagem das pessoas a desconfianças e conjecturas injuriosas – é um dos pontos de tensão dialética entre a CPI e os direitos individuais, cuja solução, pela limitação temporal do funcionamento do órgão, antes se deve entender matéria apropriada à lei do que aos regimentos: donde, a recepção do art. 5º, § 2º, da L. 1579/52, que situa, no termo final de legislatura em que constituída, o limite intransponível de duração, ao qual, com ou sem prorrogação do prazo inicialmente fixado, se há de restringir a atividade de qualquer comissão parlamentar de inquérito. 4. A disciplina da mesma matéria pelo regimento interno diz apenas com as conveniências de administração parlamentar, das quais cada câmara é o juiz exclusivo, e da qual, por isso – desde que respeitado o limite máximo fixado em lei, o fim da legislatura em curso –, não decorrem direitos para terceiros, nem a legitimação para questionar em juízo sobre a interpretação que lhe dê a Casa do Congresso Nacional.[67]

Importante destacar o voto emanado pelo ilustre relator, durante a acalorada discussão travada no plenário da Suprema Corte:

[...] cada câmara, titular de poderes constitucionais de auto-governo, será o juiz exclusivo da definição das normas mais adequadas às conveniências da administração parlamentar; e o regimento interno, o veículo apropriado à sua edição.

Desde que não ultrapasse o limite máximo fixado em lei – vale dizer, o fim da legislatura respectiva – mas, ao contrário, cite novas restrições à duração do inquérito, [...] a norma regimental é plenamente válida.

É preciso não perder de perspectiva que, não obstante a Corte Suprema tenha decidido pela viabilidade de operar-se sucessivas dilações do prazo dentro da mesma legislatura, a extensão deverá estar contemplada no regimento interno da Casa Legislativa.[68]

---

[67] Por maioria de votos, o Tribunal indeferiu o pedido de hábeas corpus e revogou a medida liminar. Vencidos os Ministros Marco Aurélio, Carlos Velloso, Sydney Sanches, Moreira Alves e o Presidente (Min. Octávio Gallotti), que o deferiram.

[68] SALGADO, Plínio. *Comissões Parlamentares de Inquérito: doutrina, jurisprudência e legislação*. Belo Horizonte: Del Rey, 2001, p. 71.

Obviamente, o pedido de prorrogação – que deverá ser aprovado pela maioria dos membros da comissão, sob pena de violação ao princípio da colegialidade – deve ser formulado anteriormente ao término dos trabalhos, haja vista que a Comissão Parlamentar de Inquérito extingue-se automaticamente com o decurso do prazo estabelecido para o seu funcionamento.[69]

---

[69] TJSC – Apelação Cível em Mandado de Segurança n° 2000.009333-5, Relator: Desembargador Newton Trisotto. Data do Julgamento: 19.4.2001; TJMG – Apelação Cível/Reexame Necessário n° 1.0470.03.014159-7/001, Relator: Maria Elza, Data do Julgamento: 4.11.2004.

3. Os poderes das Comissões Parlamentares de Inquérito instrução probatória

3.1. Considerações iniciais

Dentre as inovações mais significantes promovidas na Constituição Cidadã, em termos de Comissão Parlamentar de Inquérito, foi indiscutivelmente a expressa outorga de poderes próprios das autoridades judiciais ao instituto.[70]

Conforme observa Paulo Brossard, sem esses meios compulsórios para o desempenho de suas atribuições, de nada valeria o procedimento investigatório, de modo que a Comissão Parlamentar de Inquérito "não teria como levar a termo os seus trabalhos, pois ficaria à mercê da boa vontade ou, quiçá, da complacência de pessoas das quais dependesse em seu trabalho".[71] Prossegue o Ministro da

---

[70] Segundo o voto proferido pelo Ministro da Suprema Corte, Paulo Brossard, nos autos do HC 71039, de sua relatoria: "[...] é preciso não esquecer que nenhuma Constituição foi tão explícita como a brasileira quanto aos poderes das CPIs. [...]. Se insisto neste ponto é porque, a despeito da lei, das lições da doutrina e das decisões dos tribunais, ainda há quem questione, mercê de forte preconceito anti-parlamentar, o poder das comissões parlamentares de inquérito, tanto de convocar pessoas como de recolher depoimentos".

[71] STF – HC 71039, Relator(a): Min. Paulo Brossard, Tribunal Pleno, julgado em 7.4.1994, DJ 6.12.1996.

Suprema Corte: "esses poderes são inerentes à comissão parlamentar de inquérito e são implícitos em sua constitucional existência. Não fora assim e ela não poderia funcionar senão amparada nas muletas que lhe fornecesse outro Poder, o que contraria a lógica as instituições".[72]

Entretanto, não se pode perder de vista que, se por um lado à CPI são atribuídos os poderes investigatórios das autoridades judiciárias, por outro, é certo que a comissão parlamentar também se encontra sujeita a determinados limites constitucionais e legais.[73]

Nesse sentido, com apoio em farto magistério doutrinário, pronunciou-se o Supremo Tribunal Federal nos autos do Mandado de Segurança n° 23.576/DF, julgado em 02/10/2000:

> É por essa razão [...] que tenho afirmado, a propósito da competência investigatória das Comissões Parlamentares de Inquérito, que estas não dispõem de poderes absolutos, devendo exercê-los com estrita observância dos limites formais e materiais fixados pelo ordenamento positivo e com plena submissão à autoridade hierárquico-normativa da Constituição da República.
>
> Na realidade, o sistema constitucional brasileiro – tendo presente a natureza essencialmente democrática do regime de governo – não admite e nem tolera que se formem, no âmbito do aparelho de Estado, núcleos orgânicos investidos de poderes absolutos.
>
> As Comissões Parlamentares de Inquérito, à semelhança do que ocorre com qualquer outro órgão do Estado ou com qualquer dos demais

---

[72] STF – HC 71039, Relator(a): Min. Paulo Brossard, Tribunal Pleno, julgado em 7.4.1994, DJ 6.12.1996.

[73] "Os poderes de investigação atribuídos às CPIs devem ser exercidos nos termos da legalidade. A observância da legalidade é fundamental não apenas à garantia das liberdades individuais – mas à própria integridade das funções – função como deverpoder – das CPIs. Essas não detêm simples poder de investigar; antes, estão vinculadas pelo dever de fazê-lo, e de fazê-lo dentro dos parâmetros de legalidade. Vale dizer, a ordem jurídica atribui às CPIs o dever de investigar, sem contudo exceder as margens da legalidade. Em nenhum momento se justifica a afronta a ela, seja pelos investigados, seja por quem investiga". (STF – MS 25.908, Rel. Min. Eros Grau, decisão monocrática, julgamento em 27.3.06, DJ de 31.3.06)

Poderes da República, submetem-se, no exercício de suas prerrogativas institucionais, às limitações impostas pela autoridade suprema da Constituição.

Desse modo, não se revela lícito supor, na hipótese de eventuais desvios jurídico-constitucionais de uma Comissão Parlamentar de Inquérito, que o exercício da atividade de controle jurisdicional possa traduzir situação de ilegítima interferência na esfera de outro Poder da República.

Torna-se fundamental proclamar, neste ponto, que a concepção de poder – na estrutura de um Estado fundado em bases democráticas – deve conviver, necessariamente, com a idéia correspondente de limitação e de controle.

Esse paradigma de contenção, cuja observância se impõe aos detentores e exercentes do poder estatal, reflete um dos elementos essenciais que dão substância, no plano da teoria da Constituição e da organização da sociedade política, à noção mesma de Estado Democrático de Direito.

A necessidade ética e a exigência política de conformar, juridicamente, o exercício do poder – qualquer que seja o órgão estatal que o detenha – representam, sob tal aspecto, valores fundamentais e pressupostos de legitimação do Estado Democrático de Direito.

Tenho salientado, por isso mesmo, que as Comissões Parlamentares de Inquérito, no desempenho de seus poderes de investigação, estão sujeitas às mesmas normas e limitações que incidem sobre os magistrados judiciais, quando no exercício de igual prerrogativa.

[...]

É preciso insistir no fato de que os poderes das Comissões Parlamentares de Inquérito, embora amplos, não são ilimitados e nem absolutos.

Por isso mesmo, o Plenário do Supremo Tribunal Federal, no julgamento definitivo do MS 23.452-RJ, Rel. Min. CELSO DE MELLO, deixou assentado, por unanimidade, "que os poderes das Comissões Parlamentares de Inquérito – precisamente porque não são absolutos – sofrem as restrições impostas pela Constituição da República e encontram limite nos direitos fundamentais do cidadão, que só podem ser afetados nas hipóteses e na forma que a Carta Política estabelecer".

Diante de tais considerações, questionamo-nos: qual a real abrangência da locução *"poderes de investigações próprios das autoridades judiciais"*? Afinal: o que pode e o que não pode?

Segundo a Lei nº 1.579/52, diploma legal complementar ao texto insculpido no § 3º do artigo 58 da Constituição da República, as CPIs "terão ampla ação nas pesquisas destinadas a apurar os fatos determinados que deram origem à sua formação" (art. 1º). Dispõe ainda: "poderão as Comissões Parlamentares de Inquérito determinar as diligências que reportarem necessárias", dentre elas:

a) ouvir indiciados;

b) inquirir testemunhas sob compromisso;

c) tomar o depoimento de quaisquer autoridades federais, estaduais ou municipais;

d) convocar Ministros de Estado;

e) requisitar de órgãos públicos informações e documentos de qualquer natureza;

f) transportar-se aos lugares aonde for preciso. (Cuidando-se de CPI do Senado, da Câmara ou mista, pode, ainda, requerer ao Tribunal de Contas da União a realização de inspeções e auditorias[74]).[75]

---

[74] Respondendo a indagação se estaria o Tribunal de Contas da União obrigado a prestar os esclarecimentos solicitados pela Comissão de Inquérito, Uadi Lammêgo Bulos asseverou: "Se o Tribunal de Contas já tiver emitido o seu parecer a respeito de dada matéria, que chegou ao seu exame, é dever seu prestar informações para a CPI. Incide nesse caso a regra geral do art. 5º, XXXIII, da Constituição.

Como *todos* têm o direito a receber dos órgãos públicos informações de interesse particular, ou de interesse coletivo ou geral, que serão prestadas no prazo da lei, *sob pena de responsabilidade,* não há razão para o Tribunal de Contar eximir-se desse dever constitucional. Evidente que estão ressalvadas aquelas informações cujo sigilo seja imprescindível à segurança da sociedade e do Estado, como destaca o aludido inciso XXXIII.

Porém, se os Tribunais de Contas não tiverem entendimento formulado a respeito das informações solicitadas, convertendo-as em forma de parecer prévio, não está obrigado a prestá-las.

Nessa segunda hipótese, se tais Cortes não quiserem fornece-las, nada poderá ser feito, porque a posição que galgam, diante das CPIs, não é de submissão" (BULOS, Uadi Lammêgo. *Comissão Parlamentar de Inquérito – técnica e prática.* São Paulo: Saraiva, 2001, p. 130).

[75] Sublinhe-se, conforme salientado outras vezes, que a Carta Política de 88 conferiu autonomia aos regimentos internos das Casas Legislativas para a complementação do texto constitucional, de sorte que, além desses poderes da CPI,

Oportuno referir que:

Quanto aos dados, informações e documentos, mesmo que resguardados por sigilo legal, desde que observadas as cautelas legais, podem as CPIs requisitá-los. Isso significa que podem quebrar o sigilo fiscal, bancário, assim como o segredo de quaisquer outros dados, abarcando-se, por exemplo, os telefônicos (registros relacionados com chamadas telefônicas já concretizadas), e, ainda, determinar buscas e apreensões. O fundamental, nesse âmbito, é:

a) jamais ultrapassar o intransponível limite da "reserva jurisdicional constitucional", isto é, a CPI pode muita coisa, menos determinar o que a Constituição Federal reservou com exclusividade aos juízes. Incluem-se nessa importante restrição: a prisão, salvo flagrante (CF, art. 5º, inc. LXI); a busca domiciliar (CF, art. 5º, inc. X) e a interceptação ou escuta telefônica (art. 5º, inc. XII);

b) impedir, em nome da tutela da privacidade constitucional (art. 5º inc. X), a publicidade do que é sigiloso, mesmo porque, quem quebra esse sigilo passa a ser dele detentor;

c) não confundir "poderes de investigação do juiz" (CF, art. 58, § 3º) com o poder geral de cautela judicial: isso significa que a CPI não pode adotar nenhuma medida assecuratória real ou restritiva do *jus libertatis*, incluindo-se a apreensão, seqüestro ou indisponibilidade de bens ou mesmo a proibição de se afastar do país.[76]

Portanto:

[...] se é certo, observadas as restrições jurisprudenciais mencionadas, que a Comissão Parlamentar de Inquérito "tem poderes imanentes ao natural exercício de suas atribuições, como os de colher depoimentos, ouvir indiciados, inquirir testemunhas, notificando-as a comparecer perante ela e a depor", bem assim os de "requisitar documentos e buscar todos os meios de provas legalmente admitidos" (RDA 199/205, Rel. Min. Paulo Brossard), não é menos exato – segundo autorizado magistério doutrinário[77] – que se revela questionável a possibilidade jurídica

---

previstos na Lei nº 1.579/52, outros poderão ser previstos. Nesse sentido, vide: BULOS, Uadi Lammêgo. *Comissão Parlamentar de Inquérito – técnica e prática*. São Paulo: Saraiva, 2001, p. 67.

[76] GOMES, Luiz Flavio. FARIA, Cássio Juvenal. *Poderes e limites das CPIs*. Boletim do Instituto Brasileiro de Ciências Criminais, nº 79, junho de 1999, p. 12.

[77] Luis Roberto Barroso, Comissões Parlamentares de Inquérito – Limite de sua Competência – Sentido da Expressão Constitucional "Poderes de Investigação Próprios das Autoridades Judiciais' – Inadmissibilidade de Busca e Apreensão

de qualquer Comissão Parlamentar de Inquérito praticar atos sujeitos ao princípio constitucional da reserva de jurisdição, vale dizer, atos cuja efetivação a Constituição Federal atribuiu, com absoluta exclusividade, aos membros do Poder Judiciário.

O postulado da reserva constitucional de jurisdição – consoante assinala a doutrina[78] – importa em submeter, à esfera única de decisão dos magistrados, a prática de determinados atos cuja realização, por efeito de verdadeira discriminação material de competência jurisdicional fixada no texto da Carta Política, somente pode emanar do juiz, e não de terceiros, inclusive daqueles a quem se hajam eventualmente atribuído "poderes de investigação próprios das autoridades judiciais".

Isso significa – considerada a cláusula de primazia judiciária que encontra fundamento no próprio texto da Constituição – que esta exige, para a legítima efetivação de determinados atos, notadamente daqueles que implicam restrição a direitos, que sejam eles ordenados apenas por magistrados".[79]

3.2. Convocação de indiciados e testemunhas

Conforme já estudado, dentre os poderes que as Comissões de Inquérito dispõem para o desempenho de suas atribuições situa-se a de ouvir indiciados e inquirir testemunhas.

Nos termos do artigo 239 do Código de Processo Penal, considera-se indício (do latim *indicium*, cujo significado é "rastro, sinal, vestígio"), "a circunstância conhecida e provada, que, tendo relação com o fato, autorize, por indução, concluir-se a existência de outra ou outras circunstâncias". Desse conceito, infere-se que indiciado é o suspeito

---

sem Mandado Judicial", in *Revista Forense*, vol. 335/165; Fábio Konder Comparato, Comissões Parlamentares de Inquérito – Limites, in *Revista Trimestral de Direito Público*, vol. 5/66.

[78] CANOTILHO, José Joaquim Gomes. *Direito Constitucional e Teoria da Constituição*, Almedina: Coimbra, 1998, p. 580 e 586.

[79] STF – MS 23452, Relator(a): Min. Celso de Mello, Tribunal Pleno, julgado em 16.9.1999, DJ 12.5.2000.

contra o qual pesam os primeiros vestígios da participação no delito que se está investigando.[80]

Conforme observa Plínio Salgado, "evidentemente, a Lei nº 1.579, de 18.03.52, ao referir-se a indiciado, na forma do artigo 2º, 'ouvir indiciados', empregou o termo no sentido amplo, isto é, do indivíduo em relação ao qual há indícios de autoria de ilícito, sendo irrelevante a sua natureza jurídica".[81] Do contrário fosse, se encarado o vocábulo "indiciado" em sua acepção penal, as Comissões Parlamentares de Inquérito estariam adstritas tão somente às investigações dessa ordem – pertencentes à polícia judiciária e aos juízes com competência criminal –, afigurando-se impedidas de investigar ilícitos de outras naturezas, tais como, a civil, a fiscal e a funcional.

Sobre a locução ora em estudo, Nelson de Souza Sampaio faz a seguinte anotação:

> Considerando a espécie de comissão parlamentar aqui estudada – a que denominamos político-legislativa –, parece-nos que o legislador não devia usar a expressão "indiciados". Só nos inquéritos parlamentares para apurar crimes de responsabilidade ou para decidir sobre o decoro de um membro do Legislativo pode-se conceber, em boa técnica jurídica, a presença de "indiciados". Nos demais inquéritos parlamentares, cujo escopo é informativo – informar a câmara investigadora ou a opinião pública –, todos que são ouvidos deveriam ser considerados "testemunhas".[82]

Por sua vez, testemunha (do latim *testimonium*, cujo significado é "testemunho, depoimento"), designa, na linguagem jurídica, "a pessoa que *atesta a veracidade de um ato*, ou que *presta esclarecimentos* acerca de fatos que lhe são per-

---

[80] BULOS, Uadi Lammêgo. *Comissão Parlamentar de Inquérito – técnica e prática*. São Paulo: Saraiva, 2001, p. 73.

[81] SALGADO, Plínio. *Comissões Parlamentares de Inquérito: doutrina, jurisprudência e legislação*. Belo Horizonte: Del Rey, 2001, p. 89.

[82] SAMPAIO, Nelson de Souza. *Do Inquérito Parlamentar*. Rio de Janeiro: Fundação Getúlio Vargas, 1964, p. 47.

guntados, afirmando-os, ou os negando".[83] Nos termos do art. 203 do Código de Processo Penal, cabe-lhe "relatar o que souber, explicando sempre as razões de sua ciência ou as circunstâncias pelas quais possa avaliar-se de sua credibilidade".

Conforme preconiza o art. 3ª, *caput*, da Lei nº 1.579/52, tanto o indiciado, como a testemunha, *"serão intimados de acordo com as prescrições estabelecidas na legislação penal"*.

Sublinhe-se, por oportuno, que o legislador ordinário equivocou-se na redação desse artigo ao determinar que a "intimação" far-se-á consoante as prescrições contidas na "legislação penal".

Em primeiro lugar, porque a intimação, nos termos do art. 234 do Código de Processo Civil, "é o ato pelo qual se dá ciência a alguém dos atos e termos do processo, para que faça ou deixe de fazer alguma coisa". Tal poder, não foi conferido às Comissões de Inquérito.[84] Leciona o doutrinador que a CPI "não *intima* quem quer que seja, porquanto não pode compelir o sujeito a fazer ou deixar de fazer algo", na medida, que "apenas a autoridade jurisdicional é que pode *intimar*, no sentido técnico do termo, e, se for o caso, requisitar à autoridade policial a apresentação da testemunha ou determinar sua condução pelo oficial de justiça, que poderá solicitar o auxílio da força pública (art. 218 do CPP)".[85]

---

[83] SILVA, De Plácido e. *Vocabulário Jurídico*. 4º ed. Rio de Janeiro: Forense, 1982, p. 366, v. 7.

[84] Segundo o autor, "No que tange ao inquérito parlamentar, portanto, não há intimação na acepção processual da palavra, pois inexiste a ciência que se dá a alguém de um ato já praticado, já consumado, seja um despacho, seja uma sentença. O que existe, na órbita das investigações parlamentares, é a comunicação, que antecede o depoimento, endereçada pela Presidência da CPI aos indiciados e testemunhas, a fim de que compareçam ao Parlamento para prestar esclarecimentos a respeito de um fato determinado, objeto de investigações". (BULOS, Uadi Lammêgo. *Comissão Parlamentar de Inquérito – técnica e prática*. São Paulo: Saraiva, 2001, p. 69).

[85] BULOS, Uadi Lammêgo. *Comissão Parlamentar de Inquérito – técnica e prática*. São Paulo: Saraiva, 2001, p. 68-69. (Nesse sentido, vide: STF – HC 71039, Relator(a): Min. PAULO BROSSARD, Tribunal Pleno, julgado em 7.04.1994, DJ 6.12.1996).

Em segundo lugar, porque a "intimação" dos indiciados e testemunhas proceder-se-á consoante as prescrições estabelecidas na legislação processual penal, e não a "legislação penal", conforme preceitua a Lei nº 1.579/52.

Portanto, em uma palavra: (a) a expressão "intimação", constante do texto normativo, deve ser compreendida como "convocação", para fins de Comissão Parlamentar de Inquérito; e (b) a "intimação" (leia-se "convocação") é ato submetido aos desígnios do direito processual, não do direito material.[86]

Em se tratando da convocação de indiciados e testemunhas no âmbito das Comissões de Inquérito de procedimento emprestado do Código de Processo Penal, insta fazer as seguintes anotações, no que pertine aos indiciados:

a) A intimação do indiciado para prestar depoimento perante a Comissão de Inquérito far-se-á mediante mandado a ser cumprido por funcionário designado pela própria Comissão. No instrumento, constará o local, dia e hora em que o suspeito deverá prestar depoimento. Se porventura o indiciado residir fora da localidade onde estejam sendo realizado os trabalhos, restam duas alternativas: (I) designar um representante da comissão para que se desloque até a comarca em que está domiciliado o suspeito e lhe tome o depoimento; ou (II) convidar o indiciado para que compareça à CPI, custeando-lhe todas as despesas de viagem, tais como, passagens aéreas, hospedagem, alimentação, etc.[87]

b) O indiciado detém o direito de manter-se em silêncio, sem que dele derive prejuízo (art. 186 e parágrafo único do Código de Processo Penal[88]). O direito constitucionalmente erigido da vedação à auto-incrimina-

---

[86] BULOS, Uadi Lammêgo. *Comissão Parlamentar de Inquérito – técnica e prática*. São Paulo: Saraiva, 2001, p. 69.

[87] Assim entendeu o STF no julgamento do HC 87230 MC, de relatoria do Min. Joaquim Barbosa: "[...] Não me parece, em princípio, lícito, que o paciente seja obrigado a arcar com as despesas de viagem, suas e do advogado, quando o art. 222 do Código de Processo Penal lhe garante o direito de ser ouvido na comarca do seu domicílio. Aliás, o teor do art. 2º da Lei nº 1.579/1952 é no sentido de que, se necessário, são os membros da CPI que poderão transportar-se aos lugares onde se fizer mister a sua presença, e não o contrário".

[88] Art. 189 e parágrafo único do CPP: "Depois de devidamente qualificado e cientificado do inteiro teor da acusação, o acusado será informado pelo juiz, antes de

ção forçada – "*self-incrimination*" – traduz lídimo direito público subjetivo assegurado a qualquer pessoa que, mormente na condição de indiciado ou de réu, deva prestar depoimento perante órgãos de quaisquer Poderes, quer seja do Legislativo, do Executivo ou do Judiciário. Quando concretamente exercido, impede que qualquer pessoa que deva prestar depoimento perante uma Comissão Parlamentar de Inquérito seja compelida a responder a perguntas cujas respostas possam incriminá-la ("*nemo tenetur se detegere*"[89]).

c) Ao indiciado é garantido o direito de fazer acompanhar-se de advogado durante os trabalhos investigatórios da Comissão Parlamentar. Trata-se de direito decorrente de norma Constitucional.[90]

No que pertine às testemunhas:

a) Da mesma forma com que se procede à intimação dos indiciados para a tomada de depoimentos, far-se-á a das testemunhas mediante mandado a ser cumprido por funcionário designado pela própria comissão. No instrumento, constará o local, dia e hora em que a pessoa deverá prestar depoimento.

b) No que tange ao direito de silêncio, de sublinhar que a prerrogativa deve ser examinada com maior desvelo em relação às testemunhas, na medida em que o Código de Processo Penal estabelece, em seu art. 203, que a testemunha fará, sob palavra de honra, a promessa de dizer a verdade acerca do que souber e lhe for perguntado. Com efeito, não somente se obriga a responder oralmente o que lhe for perguntado – assegurado o direito de breve consulta a apontamentos (art. 204 do

---

iniciar o interrogatório, do seu direito de permanecer calado e de não responder perguntas que lhe forem formuladas. O silêncio, que não importará em confissão, não poderá ser interpretado em prejuízo da defesa".

[89] "Através do princípio *nemo tenetur se detegere*, visa-se proteger qualquer pessoa indiciada ou acusada da prática de delito penal, dos excessos e abusos na persecução penal por parte do Estado, preservando-se, na seara dos direitos fundamentais, especialmente neste caso, a liberdade do indivíduo, evitando que o mesmo seja obrigado à compilação de prova contra si mesmo, sob pena de constrangimento ilegal, sanável por *habeas corpus*. Cuida-se de prerrogativa inserida constitucionalmente nos princípios da ampla defesa (art. 5°, inciso LV), da presunção de inocência (art. 5°, inciso LVII) e do direito ao silêncio (art. 5°, inciso LXIII).'" (STF – HC 96219 MC, Relator(a): Min. Celso de Mello, publicado em DJe-195).

[90] Art. 5°, inciso LV, da CF: "aos litigantes, em processo judicial ou administrativo, e aos acusados em geral são assegurados o contraditório e ampla defesa, com os meios e recursos a ela inerentes".

CPP) –, como também responderá criminalmente por eventuais afirmações falsas (art. 342 do Código Penal). Entrementes, importante ressaltar que o crime de falso testemunho (art. 342 do Código Penal) não se configura nos casos em que a pessoa, depondo na qualidade de testemunha, ainda que sob compromisso de dizer a verdade, deixa de revelar fatos que possam incriminá-la. Sua recusa, nessas hipóteses, consubstancia autêntico exercício do direito à não auto-incriminação (*self-incrimination*).[91] Destaca-se, ainda, que o Código de Processo Penal prevê que em razão de sua estreita relação com o suspeito, poderão recusar-se a depor o ascendente ou descendente, o afim em linha reta, o cônjuge, ainda que desquitado, o irmão e o pai, a mãe, ou o filho adotivo do acusado, salvo quando não for possível, por outro modo, obter-se ou integrar-se a prova do fato e de suas circunstâncias, hipótese em que não prestarão compromisso (arts. 206 e 208 do CPP). Igualmente não se exigirá o compromisso aos doentes e deficientes mentais e aos menores de 14 (quatorze) anos (art. 208 do CPP). Por fim, cumpre referir que as pessoas que, em razão de função, ministério, ofício ou profissão, devam guardar segredo, são proibidas de depor, salvo se, desobrigadas pela parte interessada, quiserem dar o seu testemunho (art. 207 do CPP).

c) À testemunha é garantido o direito de fazer acompanhar-se de advogado durante os trabalhos investigatórios da Comissão Parlamentar. Trata-se de direito decorrente da norma contida no inciso LV do art. 5º da Carta Constitucional.[92]

A doutrina há muito discute a legalidade da condução coercitiva de indiciados e testemunhas para prestar depoimento perante as Comissões de Inquérito.

Segundo o que dispõe a Lei nº 1.579/52 em seu artigo 3º, § 1º, "em caso de não-comparecimento da testemunha sem motivo justificado, a sua intimação será solicitada ao juiz criminal da localidade em que resida ou se encontre, na forma do art. 218 do Código de Processo Penal".

---

[91] "[...] A *self-incrimination* constitui causa legítima que exonera o depoente – seja ele testemunha ou indiciado – do dever de depor sobre os fatos que lhe sejam perguntados e de cujo esclarecimento possa resultar, como necessário efeito causal, a sua própria responsabilização penal". (STF – HC nº 71.421-8/RS).

[92] CF/88, Art. 5º, inciso LV: "aos litigantes, em processo judicial ou administrativo, e aos acusados em geral são assegurados o contraditório e ampla defesa, com os meios e recursos a ela inerentes".

Neste ponto, repousa um dos motivos para distinguir-se indiciados de testemunhas no âmbito das Comissões Parlamentares de Inquérito.

Ocorre que o referido diploma legal refere-se como sendo passível de condução coercitiva unicamente as testemunhas convocadas para depor, de modo que inviabilizou o exercício dessa medida com relação àqueles convocados para serem ouvidos na condição de indiciados. Nesse sentido, decidiu o Supremo Tribunal Federal, em 17 de agosto de 2009, nos autos do *Habeas Corpus* n° 99893/AM, impetrado a fim de sustar os efeitos da ordem de condução coercitiva emitida pela Comissão Parlamentar de Inquérito da Pedofilia.

Sendo assim, a teor do art. 218 do Código de Processo Penal, não poderá escusar-se de comparecer à Comissão de Inquérito para depor, sem motivo justificado, a testemunha regularmente intimada para o ato. Em casos de resistência ou recalcitrância, comprovados e certificados pela comissão, por meio de seu funcionário, além de incorrer o faltante no crime de desobediência, insculpido no art. 320 do Código Penal, poderá, uma vez requerido ao juízo criminal, ser conduzido coercitivamente, inclusive com o auxílio de força policial. No entanto, cumpre ressaltar que a autoridade jurisdicional "não está compelida a acatar pedido de condução coercitiva de testemunha recalcitrante formulado por CPI. Poderá indeferi-lo, desde que o faça em consonância com o princípio constitucional da motivação das decisões dos órgãos públicos (art. 93, IX)".[93]

Por fim, cumpre fazer um último apontamento, no que respeita à ordem com que se procederão aos depoimentos.

Conforme já estudado, às Comissões Parlamentares de Inquérito compete apurar a ocorrência de fato determi-

---

[93] BULOS, Uadi Lammêgo. *Comissão Parlamentar de Inquérito – técnica e prática*. São Paulo: Saraiva, 2001, p. 91.

nado. De tal sorte, não recaindo o objeto das investigações sobre "pessoas determinadas", nem sempre os indícios de irregularidades que ensejaram a instauração da Comissão de Inquérito voltar-se-ão a alguém. Outrossim, é induvidoso que se houver indícios da perpetração de atos ilícitos, a investigação concluirá pelo envolvimento de alguém. Sem embargo, acaso pesem os indícios sobre determinado indivíduo, torna-se imprescindível que a oitiva das testemunhas eventualmente arroladas em sua defesa realize-se em completa observância às regras estatuídas pelo Código de Processo Penal. A inversão da ordem, ao nosso ver, acarreta a nulidade do ato, uma vez demonstrado efetivo prejuízo para o suspeito.

De outra banda, não recaindo os indícios sobre pessoa certa, não há de existir ordem a que se deva necessariamente obedecer na tomada dos depoimentos, exceto previsão legal em sentido contrário. Nestes casos, convocar-se-ão as testemunhas de acordo com o curso da própria investigação, sem que se tome por modelo qualquer parâmetro preestabelecido.

De qualquer sorte, em qualquer das hipóteses supracitadas, se porventura os depoimentos prestados divergirem entre si sobre fatos ou circunstâncias relevantes para as investigações, às Comissões Parlamentares é facultada a realização de acareação entre os depoentes a fim de dirimir as eventuais contradições (art. 229 do CPP).

3.3. Limites à atuação do advogado nas Comissões de Inquérito

Consagrados no ordenamento jurídico constitucional como corolários do devido processo legal (*due process of law*), os princípios constitucionais do contraditório e da ampla defesa, capitulados no inciso LV do art. 5° da Carta da

República, asseguram aos litigantes, em processo judicial ou administrativo, e aos acusados em geral, as condições indispensáveis para que possam coligir no processo todos elementos indispensáveis ao esclarecimento da verdade dos fatos. Conforme preconiza a dogmática jurídica, uma das vertentes do princípio constitucional da ampla defesa consiste na garantia que detém o acusado de defender-se das acusações que recaem sobre si com o auxílio de uma defesa técnica, isto é, exercida pela atuação profissional de um advogado.

Essa prerrogativa apresenta-se lastreada no art. 133 da Carta Constitucional, a qual elevou o profissional do direito à condição de *indispensável à administração da justiça* e considerou-o *inviolável* por seus atos e manifestações no exercício da profissão, "nos limites da lei". A lei a que se refere o texto constitucional encontra disciplina no Estatuto da Ordem dos Advogados do Brasil – OAB –, Lei n° 8.906, de 04 de julho de 1994.

No campo das Comissões Parlamentares de Inquérito, ao conferir às CPIs *"os poderes de investigação próprios das autoridades judiciais"* (art. 58, § 3°), o legislador constituinte impôs ao órgão parlamentar os mesmos limites a que se sujeitam os titulares do poder jurisdicional, dentre os quais avulta, por sua insuperável importância, a submissão às regras do devido processo legal (*due process of law*).

Embora há muito se permita que o advogado acompanhe seus clientes convocados a prestar depoimento junto às Comissões Parlamentares, na condição de indiciados ou testemunhas, episódios recentes resultaram em graves e injustas restrições ao exercício das prerrogativas profissionais de que se acham investidos os advogados (art. 7° do Estatuto da OAB).

O direito do depoente de fazer acompanhar-se nas Comissões de Inquérito por um profissional do direito atualmente se revela de forma expressa no ordenamento jurídico através do § 2º do artigo 3º da Lei nº 1.579/52, que dispõe:[94]

> § 2º O depoente poderá fazer-se acompanhar de advogado, ainda que em reunião secreta.

A inclusão da regra no sistema normativo, dada pela Lei nº 10.679, de 23 de maio de 2003, foi resultado da aprovação do Projeto de Lei da Câmara dos Deputados nº 3.883/97, de autoria do então Deputado Roberto Jefferson, e deu-se pela seguinte justificativa:

> É preciso fortalecer-se o instituto das Comissões Parlamentares de Inquérito. São elas importantes instrumentos de atuação de Deputados e Senadores, permitindo que os parlamentares apurem irregularidades ocorridas.
>
> A Constituição de 1988 conferiu extraordinários poderes a uma CPI. E, graças a isso, têm agido com muita eficiência. Creio que, todavia, algo mais pode ainda ser feito. Refiro-me à atuação do advogado, durante o depoimento de testemunhas e indiciados. Uma CPI sempre está revestida de muita emocionalidade e de um clima tenso. Os holofotes da mídia causam uma certa intimidação, sobretudo para testemunhas menos afeitas à rotina judicial ou aos trabalhos parlamentares.
>
> Nunca se impediu a presença de advogado, durante a fase de depoimento. Todavia, dentro do próprio espírito que norteia a atuação desse profissional do Direito (Lei nº 8.906/94, Estatuto da O.A.B.) e da norma inscrita no artigo 133 da Carta Política, este projeto busca deixar bem claro esse campo de atuação. O advogado deixará de ser mero espectador do depoimento de seu patrocinado. A exemplo do que ocorre

---

[94] Assim já previa o artigo 7º, inciso VI, aliena "d", da Lei nº 8.906, de 04 de Julho de 1994 – Lei que dispõe sobre o Estatuto da Advocacia e a Ordem dos Advogados do Brasil (OAB):

"Art. 7º São direitos do advogado:

[...]

VI – ingressar livremente:

[...]

c) em qualquer edifício ou recinto em que funcione repartição judicial ou outro serviço público onde o advogado deva praticar ato ou colher prova ou informação útil ao exercício da atividade profissional, dentro do expediente ou fora dele, e ser atendido, desde que se ache presente qualquer servidor ou empregado;"

nos procedimentos judiciais, poderá ele comunicar-se com o cliente, a qualquer instante do depoimento orientando-o.

Essa participação ativa do advogado será benéfica. Em momentos de dúvida, ao responder uma pergunta, o depoente poderá valer-se dos serviços profissionais do seu patrono, seja para esclarecer melhor o alcance da resposta, seja para ser esclarecido a respeito das consequências de sua resposta. Ou da não resposta, se for o caso. De qualquer modo, se permita a consulta, ao advogado, os trabalhos da CPI não poderão, jamais, ser argüidos de uma eventual restrição na defesa de indiciados ou de possível coação ou constrangimento na tomada do relato das testemunhas.

Com efeito, antes mesmo de sancionada a lei que assegura o acompanhamento da defesa por advogado, neste sentido já havia pronunciado-se o Supremo Tribunal Federal, em 29 de novembro de 1999, no Mandado de Segurança nº 23.576, impetrado contra o Presidente da Comissão Parlamentar de Inquérito do Narcotráfico, cuja decisão, por considerarmos de suma relevância didática, segue transcrita na íntegra:

COMISSÃO PARLAMENTAR DE INQUÉRITO. ADVOGADO. DIREITO DE VER RESPEITADAS AS PRERROGATIVAS DE ORDEM PROFISSIONAL INSTITUÍDAS PELA LEI Nº 8.906/94. MEDIDA LIMINAR CONCEDIDA. A Comissão Parlamentar de Inquérito, como qualquer outro órgão do Estado, não pode, sob pena de grave transgressão à Constituição e às leis da República, impedir, dificultar ou frustrar o exercício, pelo Advogado, das prerrogativas de ordem profissional que lhe foram outorgadas pela Lei nº 8.906/94. O desrespeito às prerrogativas – que asseguram, ao Advogado, o exercício livre e independente de sua atividade profissional – constitui inaceitável ofensa ao estatuto jurídico da Advocacia, pois representa, na perspectiva de nosso sistema normativo, um ato de inadmissível afronta ao próprio texto constitucional e ao regime das liberdades públicas nele consagrado. Medida liminar deferida.

DECISÃO: Trata-se de mandado de segurança preventivo, com pedido de medida liminar, impetrado com a finalidade de obter ordem judicial que determine, à Presidência da CPI/Narcotráfico, o efetivo respeito às prerrogativas profissionais, que, por força e autoridade da lei (Lei nº 8.906, de 04.7.94), assistem ao ora impetrante, que é Advogado regularmente constituído por pessoa convocada a depor perante esse órgão de investigação parlamentar (Regis Xavier de Souza – fls. 38).

O ora impetrante, ao censurar o comportamento arbitrário em que alegadamente incidiu a CPI/Narcotráfico, quando das inquirições levadas a efeito em Campinas/SP, enfatiza que sofreu indevidas restrições no desempenho de sua atividade profissional como Advogado.

A parte impetrante, para justificar o receio de que os alegados abusos cometidos pela CPI/Narcotráfico possam, uma vez mais, comprometer, injustamente, o legítimo exercício da Advocacia, expõe os fatos ocorridos em Campinas/SP, no dia 19.11.99 (fls. 7/11):

"Fomos violentamente expulsos da sessão, após nos insurgirmos contra o tratamento indigno e ilegal que nos era dispensado, de pedirmos várias vezes que nos fosse concedida a palavra, pela ordem e de reiterarmos, outras tantas vezes, fosse formalmente indeferido o nosso requerimento, devidamente protocolado havia horas junto a mesa de trabalhos. Qual o quê! Sem nenhum fundamento legal e em situação absolutamente legítima, nos foi negada a palavra e, ao revés, nos ordenado que calássemos e sentássemos, imóveis, inúteis, omissos. A autoridade coatora somente admitiu a presença física do impetrante à sessão, não admitiu que dela legitimamente participasse. Nos foi imposto, e até ordenado, que permanecêssemos "sentado e calado" (*sic*), atrás de nosso constituinte, proibidos de interceder até mesmo nas hipóteses contempladas em lei!

[...]

Fomos violentamente constrangidos com ordens de sentar e calar! Por não nos submetermos aos desmandos do presidente daquela Comissão, agentes da polícia federal nos arrastaram aos trancos e barrancos – como não se deve retirar um bêbado inconveniente de um bar noturno – e nos atiraram para fora das dependências do tribunal do júri de Campinas, onde – ironicamente – acontecia a espetacular sessão.

[...]

Os desmandos, que culminaram com a expulsão do impetrante da sessão, foram iniciados pelo jovem deputado Robson Tuma, que, em determinado momento, simplesmente nos proibiu de sequer nos comunicarmos com o advogado que se encontrava ao nosso lado – constituído por outra "testemunha" que estava sendo massacrada naquela ocasião. O abusado deputado se dirigiu a nós, advogados, mais ou menos da seguinte forma: "peço aos advogados que não conversem mais entre si".

[...]

C P I – Descomplicada

65

Surpreendidos, estarrecidos e incrédulos com aquela absurda "proibição", completamente inusitada, inusual, flagrantemente abusada e desprovida do mínimo de legalidade, de pronto nos vimos obrigados a nos insurgir, pedindo a palavra, pela ordem, ao presidente da Comissão, deputado Magno Malta – ora Autoridade coatora – o qual nos proibiu de qualquer manifestação, afirmando que advogado não poderia falar. Insistimos então para que indeferisse o nosso requerimento que se achava sobre a mesa. Não fomos ouvidos. Insistimos novamente, sem resultado. Indagamos do motivo da proibição de nos comunicar com o colega que se encontrava ao lado. Fomos então advertidos, sempre em altos brados, pelo presidente da Comissão: "se quiser conversar com seu colega, chame-o e vá conversar lá fora".

[...]

Lembramos ao presidente da comissão a nossa condição de advogado, detentor do direito de manifestação e intervenção verbal, quando necessário, pela ordem, de pé ou sentado, de acordo com a lei 8.906/94. De nosso direito de permanecer em pé ou sentado e de entrarmos e de sairmos dos locais públicos, como aquele, independentemente de licença, como, aliás, havia exaustivamente ponderado na notificação protocolada. Sempre insistindo em nos calar, o arbitrário presidente nos "ordenou": "o senhor volte para o seu lugar e fique sentado e calado!"

[...]

Reafirmando nossos direitos, manifestamos o nosso propósito em permanecer em pé, não podíamos obedecer uma ordem manifestamente ilegal e arbitrária. Foi o suficiente para que o presidente suspendesse a sessão e ordenasse a nossa expulsão: "A sessão está suspensa, queira a segurança retirar o advogado do recinto". Desrespeitados, maltratados, humilhados, ofendidos e postos à força para fora da sessão, nosso constituinte ficou só, abandonado à própria sorte, sem a devida e inalienável assistência jurídica de seu advogado constituído, à mercê daqueles inquisidores, que o massacraram, desrespeitando-o de todas as maneiras indesculpáveis e inadmissíveis, culminando por prendê-lo, ilegal e arbitrariamente, em flagrante, por desacato.

[...]

Quando éramos retirados à força da sessão, dada a truculência despropositada dos agentes da Polícia Federal, sob ordens do presidente da Comissão, ora autoridade coatora, o colega que se encontrava ao nosso lado, perplexo, o advogado Dr. Valdiner Alves da Silva – com o qual havíamos, minutos antes, sido proibidos de nos comunicar – foi atropelado e lançado ao chão, sendo ainda ridicularizado pela autoridade coatora.

Mesmo após a inconformada intervenção do digno presidente da Ordem dos Advogados do Brasil, Subseção de Campinas, Dr. Aderbal da Cunha Bergo – voz solitária na defesa da legalidade naqueles dias – o presidente da Comissão, apesar de reconhecer o excesso, mais um, nos "autorizou" a retornar à sessão, mas impôs uma condição: deveríamos permanecer sentados e calados, com o que não concordamos, pois não poderíamos simplesmente emprestar nossa inútil presença, apenas para conferir aparente legalidade àquela sessão.

Reconheceu ainda a ora autoridade coatora, inadvertidamente, a condição de "acusado" de nosso constituinte, nomeando-lhe um "curador" bem comportado – ante nossa recusa em participar daquela inquisição – o qual, de forma subserviente, sentou-se atrás de nosso constituinte e permaneceu, até às 3,30 horas da madrugada do dia 20.11.99, "'sentado e calado". (grifei)

Passo a apreciar a postulação de ordem cautelar.

E, ao fazê-lo, destaco, preliminarmente, que compete ao Supremo Tribunal Federal processar e julgar, em sede originária, mandados de segurança impetrados contra Comissões Parlamentares de Inquérito constituídas no âmbito do Congresso Nacional ou no de qualquer de suas Casas.

Trata-se de entendimento que tem prevalecido na jurisprudência do Supremo Tribunal Federal (RDA 196/195 – RDA 196/197 – RDA 199/205 – HC 79.244-DF, Rel. Min. Sepúlveda Pertence – MS 23.452-RJ, Rel. Min. Celso de Mello), cujas decisões enfatizam que as Comissões Parlamentares de Inquérito – por constituírem a longa manus do próprio Congresso Nacional – sujeitam-se, em tema de mandado de segurança ou de habeas corpus, ao controle jurisdicional imediato desta Corte Suprema (RDA 47/286-304), especialmente quando se imputar, ao órgão de investigação parlamentar, a prática abusiva de atos, que, eventualmente afetados pela eiva da inconstitucionalidade, possam gerar injusta lesão ao direito subjetivo de qualquer pessoa ou instituição.

É por essa razão – e com apoio em autorizado magistério doutrinário (João Mangabeira, "Em Torno da Constituição", p. 99, 1934, Companhia Editora Nacional; Pedro Lessa, "Do Poder Judiciário", p. 65-66, 1915, Livraria Francisco Alves; José Alfredo de Oliveira Baracho, "Teoria Geral das Comissões Parlamentares – Comissões Parlamentares de Inquérito, p. 147, 1988, Forense; Raul Machado Horta, "Limitações Constitucionais dos Poderes de Investigação", in RDP, vol. 5/38; Carlos Maximiliano, "Comentários à Constituição Brasileira", vol. 2/80, 4ª

C P I – Descomplicada

67

ed., 1948; Roberto Rosas, "Limitações às Comissões de Inquérito do Legislativo", in RDP, vol. 12/56-60; Manoel Gonçalves Ferreira Filho, "Comentários à Constituição Brasileira de 1988", vol. 2/72, 1992, Saraiva, v.g.) – que tenho afirmado, a propósito da competência investigatória das Comissões Parlamentares de Inquérito, que estas não dispõem de poderes absolutos, devendo exercê-los com estrita observância dos limites formais e materiais fixados pelo ordenamento positivo e com plena submissão à autoridade hierárquico-normativa da Constituição da República.

Na realidade, o sistema constitucional brasileiro – tendo presente a natureza essencialmente democrática do regime de governo – não admite e nem tolera que se formem, no âmbito do aparelho de Estado, núcleos orgânicos investidos de poderes absolutos.

As Comissões Parlamentares de Inquérito, à semelhança do que ocorre com qualquer outro órgão do Estado ou com qualquer dos demais Poderes da República, submetem-se, no exercício de suas prerrogativas institucionais, às limitações impostas pela autoridade suprema da Constituição. Desse modo, não se revela lícito supor, na hipótese de eventuais desvios jurídico-constitucionais de uma Comissão Parlamentar de Inquérito, que o exercício da atividade de controle jurisdicional possa traduzir situação de ilegítima interferência na esfera de outro Poder da República.

Torna-se fundamental proclamar, neste ponto, que a concepção de poder – na estrutura de um Estado fundado em bases democráticas – deve conviver, necessariamente, com a idéia correspondente de limitação e de controle.

Esse paradigma de contenção, cuja observância se impõe aos detentores e exercentes do poder estatal, reflete um dos elementos essenciais que dão substância, no plano da teoria da Constituição e da organização da sociedade política, à noção mesma de Estado Democrático de Direito.

A necessidade ética e a exigência política de conformar, juridicamente, o exercício do poder – qualquer que seja o órgão estatal que o detenha – representam, sob tal aspecto, valores fundamentais e pressupostos de legitimação do Estado Democrático de Direito.

Tenho salientado, por isso mesmo, que as Comissões Parlamentares de Inquérito, no desempenho de seus poderes de investigação, estão sujeitas às mesmas normas e limitações que incidem sobre os magistrados judiciais, quando no exercício de igual prerrogativa. Vale dizer: as Comissões Parlamentares de Inquérito somente podem exercer as atribuições investigatórias que lhes são inerentes, desde que o façam nos mesmos termos e segundo as mesmas exigências que a Constituição e as leis da República impõem aos juízes, especialmente no que concerne ao necessário respeito às prerrogativas que o ordenamento positivo do Estado confere aos Advogados.

Esse entendimento nada mais reflete senão as próprias conseqüências que emanam dos fundamentos e dos princípios que regem, em nosso sistema jurídico, a organização e o exercício do poder.

Cabe reconhecer, por isso mesmo, que a presença do Advogado em qualquer procedimento estatal, independentemente do domínio institucional em que esse mesmo procedimento tenha sido instaurado, constitui fator inequívoco de certeza de que os órgãos do Poder Público (Legislativo, Judiciário e Executivo) não transgredirão os limites delineados pelo ordenamento positivo da República, respeitando-se, em conseqüência, como se impõe aos membros e aos agentes do aparelho estatal, o regime das liberdades públicas e os direitos subjetivos constitucionalmente assegurados às pessoas em geral, inclusive àquelas eventualmente sujeitas, qualquer que seja o motivo, a investigação parlamentar, ou a inquérito policial, ou, ainda, a processo judicial.

As prerrogativas legais outorgadas aos Advogados possuem finalidade específica, pois visam a assegurar, a esses profissionais do Direito – cuja indispensabilidade é proclamada pela própria Constituição da República (CF, art. 133) – o exercício, perante qualquer instância de Poder, de direitos próprios destinados a viabilizar a defesa técnica daqueles em cujo favor atuam.

Desse modo, não se revela legítimo opor, ao Advogado, restrições, que, ao impedirem, injusta e arbitrariamente, o regular exercício de sua atividade profissional, culminem por esvaziar e nulificar a própria razão de ser de sua intervenção perante os órgãos do Estado.

É preciso insistir no fato de que os poderes das Comissões Parlamentares de Inquérito, embora amplos, não são ilimitados e nem absolutos.

Por isso mesmo, o Plenário do Supremo Tribunal Federal, no julgamento definitivo do MS 23.452-RJ, Rel. Min. Celso de Mello, deixou assentado, por unanimidade, "que os poderes das Comissões Parlamentares de Inquérito – precisamente porque não são absolutos – sofrem as restrições impostas pela Constituição da República e encontram limite nos direitos fundamentais do cidadão, que só podem ser afetados nas hipótese e na forma que a Carta Política estabelecer".

Cabe ter presente, ainda, por necessário, que a circunstância de os poderes investigatórios de uma CPI serem essencialmente limitados levou a jurisprudência constitucional do Supremo Tribunal Federal a advertir que as Comissões Parlamentares de Inquérito não podem formular acu-

C P I – Descomplicada

sações e nem punir delitos (RDA 199/205, Rel. Min. Paulo Brossard), nem desrespeitar o privilégio contra a auto-incriminação que assiste a qualquer indiciado ou testemunha (RDA 196/197, Rel. Min. Celso de Mello – HC 79.244-df, Rel. Min. Sepúlveda Pertence), nem decretar a prisão de qualquer pessoa, exceto nas hipóteses de flagrância (RDA 196/195, Rel. Min. Celso de Mello – RDA 199/205, Rel. Min. Paulo Brossard).

Nesse contexto, assiste ao Advogado a prerrogativa – que lhe é dada por força e autoridade da lei – de velar pela intangibilidade dos direitos daquele que o constituiu como patrono de sua defesa técnica, competindo-lhe, por isso mesmo, para o fiel desempenho do munus de que se acha incumbido esse profissional do Direito, o exercício dos meios legais vocacionados à plena realização de seu legítimo mandato profissional.

Por tal razão, nada pode justificar o desrespeito às prerrogativas que a própria Constituição e as leis da República atribuem ao Advogado, pois o gesto de afronta ao estatuto jurídico da Advocacia representa, na perspectiva de nosso sistema normativo, um ato de inaceitável ofensa ao próprio texto constitucional e ao regime das liberdades públicas nele consagrado.

Sendo assim, tendo presentes as razões expostas – e considerando, sobretudo, as graves alegações constantes desta impetração –, defiro o pedido de medida liminar, para, nos estritos termos da Lei nº 8.906, de 4.7.94 (Estatuto da Advocacia), assegurar, ao ora impetrante, que é Advogado regularmente inscrito nos quadros da OAB/Seção de São Paulo, e que atua na defesa dos direitos de seu constituinte, Regis Xavier de Souza, a observância e o respeito, por parte do Senhor Presidente da CPI/Narcotráfico, e dos membros que a compõem, das seguintes prerrogativas estabelecidas no diploma legislativo mencionado:

(a) receber, no exercício de suas atribuições profissionais, "tratamento compatível com a dignidade da Advocacia", além de ter garantidas, para esse efeito, condições adequadas ao desempenho de seu encargo profissional (Lei nº 8.906/94, art. 6º, parágrafo único);

(b) direito de exercer, sem indevidas restrições, com liberdade e independência, a atividade profissional de Advogado perante a CPI/Narcotráfico (Lei nº 8.906/94, art. 7º, I);

(c) direito de manter contacto com o seu cliente, podendo interferir, nas hipóteses contempladas em lei, com o objetivo de dispensar-lhe efetiva assistência técnica que dê sentido e concreção à garantia constitucional que confere, a qualquer um – indiciado, ou não –, o privilégio contra a auto-incriminação (RDA 196/197 – HC 79.244-DF);

(d) direito de "permanecer sentado ou em pé [...], independentemente de licença", durante o período de inquirição de seu constituinte (Lei nº 8.906/94, art. 7º, VII);
(e) direito de "falar, sentado ou em pé" perante a CPI/Narcotráfico (Lei nº 8.906/94, art. 7º, XII), quando se revelar necessário intervir, verbalmente, para esclarecer equívoco ou dúvida em relação a fatos, documentos ou afirmações que guardem pertinência com o objeto da investigação legislativa, desde que o uso da palavra se faça pela ordem, observadas as normas regimentais que disciplinam os trabalhos das Comissões Parlamentares de Inquérito.

Finalmente, devo registrar que o Advogado – por dispor de imunidade profissional reconhecida em lei – goza da prerrogativa que lhe outorga, em razão do ofício, o art. 7º, § 2º, da Lei nº 8.906/94.

2. Notifique-se a autoridade ora apontada como coatora, para, em dez (10) dias, prestar as informações a que se refere o art. 1º, a, da Lei nº 4.348/64.

3. Comunique-se, com urgência, à autoridade ora apontada como coatora, o teor da presente decisão. Publique-se. Brasília, 29 de novembro de 1999. Ministro Celso de Mello Relator.

Seja repisado que "nada pode justificar o desrespeito às prerrogativas que a própria Constituição e as leis da República atribuem ao Advogado, pois o gesto de afronta ao estatuto jurídico da Advocacia representa, na perspectiva de nosso sistema normativo, um ato de inaceitável ofensa ao próprio texto constitucional e ao regime das liberdades públicas nele consagrado".

Conforme esclarece a doutrina, "como a função de investigar, no Estado Democrático de Direito, não se irmana com o *caos*, o inquérito parlamentar não pode ser transformado em instrumento de prepotência, arrogância ou truculência. Se fosse diferente, bastaria uma CPI reunir-se para ficar instalado o arbítrio, pois ela se converteria num meio de transgressão ao regime da lei".[95] Dessa forma, "temos que reconhecer que a presença do advogado em qualquer tipo de investigação (parlamentar, judicial, policial, adminis-

---

[95] BULOS, Uadi Lammêgo. *Comissão Parlamentar de Inquérito – técnica e prática*. São Paulo: Saraiva, 2001, p. 86.

trativa etc.), ao contrário de constituir obstáculo ao exercício desta, consiste em verdadeiro atestado de que as normais constitucionais e legais não estarão sendo transgredidas, de que as autoridades públicas agirão dentro dos limites delineados na ordem jurídica, de que os direitos e garantias fundamentais permanecerão livres de transgressões".[96]

Se por um lado o profissional da advocacia tem o dever de despender aos integrantes da Comissão Parlamentar de Inquérito tratamento digno e respeitoso, compatível com a relevante função pública que exercem, por outro tem o direito de receber do Presidente, do Relator e dos demais integrantes da Comissão de Inquérito um tratamento livre de agressividade, truculência ou deboche, não havendo de ser encarado por estes como alguém que ali se encontra somente para embaraçar os trabalhos da Comissão. Deve ser encarado tal preceito como autêntica via de mão dupla, onde impera, acima de tudo, a dignidade da pessoa humana, sustentáculo da República Federativa do Brasil (art. 1°, inciso III, da CF).

3.4. Convocação de autoridades públicas

Nos termos do artigo 2° da Lei n° 1.579/52, as Comissões Parlamentares de Inquérito, no exercício de suas atribuições, poderão "tomar o depoimento de quaisquer autoridades federais, estaduais ou municipais".

Dessa forma, na dicção do texto normativo, *qualquer autoridade pública*, desde o Presidente da República, seus Ministros de Estado, Presidente do Congresso Nacional, Ministros dos Tribunais Superiores, magistrados dos Tribunais Regionais Federais, Senadores da República, Depu-

---

[96] BULOS, Uadi Lammêgo. *Comissão Parlamentar de Inquérito – técnica e prática*. São Paulo: Saraiva, 2001, p. 86.

tados federais, membros do Ministério Público Federal e Promotores de Justiça estaduais, Desembargadores e Juízes estaduais, Prefeitos, seus Secretários e Vereadores, estaria obrigada a comparecer perante a Comissão Parlamentar, quando convocada.

Evidentemente, não foi essa a intenção do legislador.

Com efeito, é sabido que dentre os princípios basilares que integram o ordenamento constitucional do Estado Democrático de Direito destacam-se o princípio do Estado federal e o da separação dos Poderes, ambos consagrados pela Carta da República de 88 como cláusulas pétreas (art. 60, § 4º, I e III, da CF).

A partir dessa ótica é que a *obrigatoriedade* do comparecimento das autoridades públicas nas CPIs deve ser examinada.

Diante da forma federativa de Estado adotada pela Constituição, os Estados-Membros gozam de autonomia em relação à União Federal, razão pela qual não se pode obrigar os agentes dos Estados a comparecer aos recintos das Comissões de Inquérito instaladas no âmbito federal, "sob pena de selar uma modalidade espúria de intervenção federal, que só se legitima nas hipóteses expressas na Constituição".[97] Conforme adverte a doutrina, do contrário fosse, "haveria uma espécie de *intervenção oblíqua*, gerada pelo próprio Congresso, pois ele mesmo seria o estopim do desrespeito à garantia 'do livre exercício de qualquer dos poderes nas unidades da Federação' (art. 34, IV)".

Noutras palavras, o inquérito parlamentar transformar-se-ia em instrumento de intervenção federal, algo inadmitido pela Carta Maior, que outorga essa prerroga-

---

[97] BULOS, Uadi Lammêgo. *Comissão Parlamentar de Inquérito – técnica e prática*. São Paulo: Saraiva, 2001, p. 104.

tiva à União e aos Estados (art. 35). É que, como dissemos acima, é inadmissível ato interventivo via CPI.[98]

De tal sorte, não há como conceber, por exemplo, que governador, vice-governador, deputados estaduais, juízes e promotores estaduais, prefeitos e vereadores sejam obrigados a comparecer a uma CPI instalada no âmbito do Senado Federal e da Câmara dos Deputados, em conjunto ou separadamente, para prestar depoimento.

Por outro prisma, encarada a *obrigatoriedade* em face do princípio da separação dos Poderes, visto como um dos limites materiais à atividade das Comissões Parlamentares de Inquérito,[99] igualmente não poderiam ser compelidas a comparecer aos recintos das CPIs as autoridades federais, ainda que instaladas as Comissões no seio do Senado Federal, da Câmara dos Deputados ou por ambas as Casas em conjunto. Dessa forma, o Presidente da República, o Vice-Presidente da República, os Ministros do Supremo Tribunal Federal, os Ministros dos Tribunais Superiores, os magistrados dos Tribunais Regionais Federais, os juízes federais e os componentes do Ministério Público Federal não se obrigam a comparecer a qualquer das Casas Legislativas do Congresso para prestar depoimento. Essa mesma linha de raciocínio reputa-se válida para as Comissões de Inquérito instaladas no âmbito estadual ou municipal. Assim, governador, vice-governador, juízes e promotores estaduais não se obrigam a comparecer à CPI estabelecida da Assembleia Legislativa, da mesma forma que prefeito e vice-prefeito não estão compelidos a apresentarem-se à CPI instalada pela Câmara de Vereadores.

E no que tange aos Senadores, Deputados federais e estaduais e vereadores, estariam obrigados a depor nas Casas Legislativas Federais, Estaduais e Municipais, se por-

---

[98] BULOS, Uadi Lammêgo. *Comissão Parlamentar de Inquérito – técnica e prática*. São Paulo: Saraiva, 2001, p. 104.

[99] Idem.

ventura convocados? O constitucionalista Uadi Lammêgo Bulos entende que não, em razão do princípio da separação dos Poderes.[100]

Ousamos divergir deste pensamento. Filiamo-nos à corrente defendida por Ovídio Rocha Barros Sandoval, que se posiciona no sentido de tratar a Comissão Parlamentar de Inquérito como "parcela do Poder Legislativo".[101] Segundo o doutrinador, "senadores e deputados federais são membros deste Poder. Logo não existe ofensa alguma ao princípio da separação dos Poderes a convocação de senadores e deputados federais para depor como testemunhas perante Comissão Parlamentar de Inquérito. Nem mesmo a imunidade parlamentar de que gozam no exercício do mandato estaria a impedir a convocação. Com efeito, o esclarecimento de certos fatos envolvidos na investigação pode ser necessário, até mesmo em virtude de terem ocorrido antes do exercício do mandato ou fora atividade parlamentar. Por exemplo, se o fato objeto de investigação pela Comissão Parlamentar de Inquérito disser respeito a um acontecimento de que o senador ou deputado federal tenha conhecimento, fora do exercício do mandato. Dúvida não pode existir, assim, possam ser convocados a depor como *testemunhas*.

Por fim, o Regimento da Câmara dos Deputados, em seu art. 36, II, prevê, expressamente, a possibilidade de ser requerida a audiência de *Deputados*.

Os *prefeitos* e *vereadores*, também, não estão obrigados a depor, pela mesma razão apontada a respeito dos governadores e deputados estaduais, pois a Constituição Federal assegura a *autonomia municipal* (arts. 1º e 18)".[102]

---

[100] BULOS, Uadi Lammêgo. *Comissão Parlamentar de Inquérito – técnica e prática*. São Paulo: Saraiva, 2001, p. 104-105.

[101] SANDOVAL, Ovídio Rocha Barros. *CPI ao Pé da Letra*. São Paulo: Millennium, 2001, p. 73.

[102] Idem, p. 73-74.

Acentua-se que tais autoridades – quer seja no âmbito federal, estadual ou municipal – não estão *obrigadas* a comparecer à Comissão de Inquérito para depor, o que não impede que façam de forma voluntária e espontânea.

Entrementes, compete anotar que a referida regra não se aplica à convocação de Ministros de Estado, na medida em que a Constituição Federal determinou em seu art. 50, como medida repressiva nos casos de ausência sem justificação adequada, a incorrência nas sanções do crime de responsabilidade.[103] Assim dispõe o mencionado dispositivo constitucional, *verbis*:

> Art. 50. A Câmara dos Deputados e o Senado Federal, ou qualquer de suas Comissões, poderão convocar Ministro de Estado ou quaisquer titulares de órgãos diretamente subordinados à Presidência da República para prestarem, pessoalmente, informações sobre assunto previamente determinado, importando crime de responsabilidade a ausência sem justificação adequada.

Acrescente-se, por derradeiro, que incorrerá no mesmo crime, ainda que compareça ao recinto da CPI, o Ministro que se negar a prestar as informações solicitadas ou então

---

[103] Como explica o professor Damásio de Jesus, "a expressão crime de responsabilidade na legislação brasileira, apresenta um sentido equívoco, tendo em vista que se refere a crimes e a infrações político-administrativas não sancionadas com penas de natureza criminal. Em sentido amplo, a locução abrange tipos criminais propriamente ditos e fatos que lesam deveres funcionais, sujeitos a sanções políticas. Em sentido estrito, abrange delitos cujos fatos contêm violação dos deveres de cargo ou função, apenados com sanção criminal. Por sua vez, os delitos de responsabilidade propriamente ditos, aqueles considerados em sentido estrito, estão previstos no Código Penal (crimes comuns) e na legislação especial (crimes especiais). Assim, crime de responsabilidade, em sentido amplo, pode ser conceituado como um fato violador do dever de cargo ou função, apenado com uma sanção criminal ou de natureza política. Pode-se dizer que há o crime de responsabilidade próprio, que constitui delito, e o impróprio, que corresponde ao ilícito político-administrativo". (JESUS, Damásio de. *Ação penal sem crime*. São Paulo: Complexo Jurídico Damásio de Jesus, nov. 2000. Disponível em: www.damasio.com.br)

que as prestar falsamente.[104] Conforme anota a doutrina de Plínio Salgado, "não fora assim, transparece ao senso jurídico, inútil seria sua convocação. Ademais, a própria Carta Magna também define como crime de responsabilidade a recusa ao atendimento de pedidos de informações, como a sua prestação com falsidade (cit. art. 50, § 2°). De sorte que o Ministro não será ouvido como testemunha, sob compromisso, motivo por que não pode incidir no crime definido no artigo 4°, inciso II, da Lei n° 1.579/52. Esse, outrossim, é o procedimento para as autoridades diretamente subordinadas à Presidência da República, como, *mutatis mutandis*, para os Secretários de Estado".[105] No entanto, de ressaltar que embora os Ministros tenham o dever de comparecer ao recinto da CPI, bem assim o de prestarem com veracidade todas as informações que lhes forem solicitadas, não lhes é suprimido o direito à invocação da prerrogativa contra a autoincriminação, que é inteiramente oponível a qualquer autoridade ou agente do Estado.[106]

3.5. Requisição de documentos públicos e particulares

De acordo com o art. 2° da Lei Federal n° 1.579/52, no exercício de suas atribuições, poderão as Comissões Parlamentares de Inquérito requisitar de repartições públicas e autárquicas informações e documentos. Não há qualquer

---

[104] Ousamos sustentar que o não comparecimento de Ministro de Estado ao recinto da CPI, o comparecimento seguido de recusa de depor, bem assim a prestação de declarações falsas, eventualmente poderá consubstanciar, além do crime de responsabilidade, os delitos de prevaricação e falso testemunho, respectivamente previstos nos arts. 319 e 342 do Código Penal.

[105] SALGADO, Plínio. *Comissões Parlamentares de Inquérito: doutrina, jurisprudência e legislação.* Belo Horizonte: Del Rey, 2001, p. 133-134.

[106] Nesse sentido, vide: STF – HC 96219 MC, Relator(a): Min. Celso de Mello, julgado em 9.10.2008, publicado em DJe-195 DIVULG 14.10.2008 PUBLIC 15.10.2008.

divergência em sedes doutrinária e jurisprudencial quanto a esta prerrogativa. Entretanto, eventuais dúvidas podem surgir no que cinge à possibilidade de requisitar informações e documentos às sociedades de economia mista, bem como às empresas públicas, eis que o texto normativo foi omisso nesse ponto. Não obstante o desleixo do diploma legal quanto à possibilidade em comento, entendemos que igualmente se submetem ao regramento ali contido.

Nesse sentido,

> [...] há que se compreender que a Constituição Federal, ao impor a submissão das empresas de economia mista e das empresas públicas ao regime de direito privado, o faz, certamente, não para equipará-las, na integralidade, às empresas privadas, mas porque, em vista delas exercerem uma forma de intervenção na economia, no setor em princípio reservado à sociedade civil, não será possível gozar de privilégios ou prerrogativas que os particulares não possuam, sob pena de quebrar-se a estrutura e lógica que dominam este campo de atuação. Porém, se não podem, neste sítio, gozar de privilégios estatais, o fato de justificar as suas existências em vista do interesse público que perseguem por certo imporá determinadas vinculações típicas do Direito Público. De modo que, ainda que sob regime de direito privado, sujeitam-se a certas limitações das pessoas públicas, legitimando-se, daí, o controle parlamentar sobre as atividades que desempenhar e o dever de colaborarem com o poder público.[107]

De outra banda, não obstante detenham as Comissões de Inquérito o poder de requisitar quaisquer informações e documentos que digam respeito às atividades desenvolvidas pelas entidades da administração pública direta e indireta, a questão deve ser analisada com maior cuidado no tocante aos documentos particulares.

Com efeito, embora as Comissões de Inquérito não possuam, em linha de princípio, legitimidade para investigar a vida e os negócios dos cidadãos comuns (particulares), eis que os denominados *private affairs* constituem um

---

[107] SCHIER, Paulo Ricardo. *Comissões Parlamentares de Inquérito e o Conceito de Fato Determinado*. Rio de Janeiro: Lumen Juris, 2005, p. 107-108.

limite a sua atuação, em certos casos a intervenção estatal na esfera privada avista-se possível e até necessária. Restringe-se tão somente àquelas hipóteses em que a Administração Pública firma determinados negócios jurídicos com particulares em que é empregado o dinheiro público proveniente do recolhimento de tributos. Somente nestes casos as Comissões Parlamentares têm o condão de atuar. Serve, nesta hipótese, o princípio da supremacia do interesse público sobre o privado. Por tal princípio, sempre que houver conflito entre um interesse individual e um interesse público coletivo, deverá este prevalecer sobre aquele, de forma a estabelecer o Poder Público uma verdadeira relação de verticalidade entre Estado e particular. Se, por outro lado, tratar-se de negócios entre particulares, sem a intervenção estatal na relação jurídica, não detém a Administração o poder acima referido. Nesse caso, "o campo estrito da autonomia privada encontra-se protegido contra as incursões do poder público".[108]

3.6. Diligências que reportarem necessárias

Bastaria uma leitura menos atenciosa do art. 2º da Lei nº 1.579/52 para que incidíssemos em erro.

Segundo o mencionado dispositivo legal, "no exercício de suas atribuições, poderão as Comissões Parlamentares de Inquérito *determinar as diligências que reportarem necessárias* e requerer a convocação de Ministros de Estado, tomar o depoimento de quaisquer autoridades federais, estaduais ou municipais, ouvir os indiciados, inquirir testemunhas sob compromisso, requisitar de repartições públicas e autárquicas informações e documentos, e transportar-se aos lugares onde se fizer mister a sua presença". Num primei-

---

[108] SCHIER, Paulo Ricardo. *Comissões Parlamentares de Inquérito e o Conceito de Fato Determinado*. Rio de Janeiro: Lumen Juris, 2005, p. 109.

ro momento, a leitura da norma revela-se de certa forma redundante, na medida que, ao mesmo tempo que confere às Comissões de Inquérito poderes para "determinar as diligências que reportarem necessárias", enumera uma série de outras medidas que as Comissões Parlamentares estariam legitimadas a adotar, todas compreendidas no mesmo campo semântico do vocábulo *diligências*, de forma que encerra a ideia de investigação ou pesquisa. Contudo, esse reforço possui razão de ser. [109]

Conforme propugna o constitucionalista Carlos Maximiliano:

> Não se presumem, na lei, palavras inúteis. Literalmente: Devem-se compreender as palavras como tendo alguma eficácia.
> As expressões do Direito interpretam-se de modo que não resultem frases sem significação real, vocábulos supérfluos, ociosos, inúteis.
> Pode uma palavra ter mais de um sentido e ser apurado o adaptável à espécie, por meio do exame do contexto ou por outro processo; porém a verdade é que sempre se deve atribuir a cada uma a sua razão de ser, o seu papel, o seu significado, a sua contribuição para precisar o alcance da regra positiva. Este conceito tanto se aplica ao Direito escrito, como aos atos jurídicos em geral, sobretudo aos contratos, que são leis entre as partes.
> Dá-se valor a todos os vocábulos e, principalmente, a todas as frases, para achar o verdadeiro sentido de um texto; porque este dever deve ser entendido de modo que tenham efeito todas as suas provisões, nenhuma parte resulte inoperativa ou supérflua, nula ou sem significação alguma (*Verba cum effectu, sunt accipienda*).[110]

O objetivo do legislador foi de dotar as Comissões Parlamentares de Inquérito de todas as ferramentas necessárias para que exerçam de forma plena a tarefa que lhes foi constitucionalmente incumbida: a de investigar.

Dessa forma, afora todos os poderes já estudados outorgados às Comissões Parlamentares para o fiel cum-

---

[109] BULOS, Uadi Lammêgo. *Comissão Parlamentar de Inquérito – técnica e prática.* São Paulo: Saraiva, 2001, p. 66-67.

[110] MAXIMILIANO, Carlos. *Hermenêutica a Aplicação do Direito.* 16. ed. Rio de Janeiro: Forense, 1996, p. 250.

primento de seu múnus público, dispõem ainda da prerrogativa de obter dados protegidos por sigilo, tais como, o bancário, o fiscal e o telefônico.

3.6.1. *Quebra do sigilo bancário, fiscal, telefônico, de informática e telemática*

A Constituição Federal, em seu artigo 5º, inciso XII, garante a inviolabilidade do "sigilo da correspondência e das comunicações telegráficas, de dados e das comunicações telefônicas, salvo, no último caso, por ordem judicial, nas hipóteses e na forma que a lei estabelecer para fins de investigação criminal ou instrução processual penal".

Inicialmente, cumpre referir que não há, no sistema constitucional brasileiro, direitos ou garantias que se revistam de caráter absoluto. Isso porque "o estatuto constitucional das liberdades públicas, ao delinear o regime jurídico a que estas estão sujeitas – e considerando o substrato ético que as informa – permite que sobre elas incidam limitações de ordem jurídica, destinadas, de um lado, a proteger a integridade do interesse social e, do outro, a assegurar a coexistência harmoniosa das liberdades, pois nenhum direito ou garantia pode ser exercido em detrimento da ordem pública ou com desrespeito aos direitos e garantias de terceiros".[111] Trata-se de um consectário do princípio da relatividade ou convivência das liberdades públicas, segundo o qual "os direitos e garantias individuais e coletivos consagrados no art. 5º da Constituição Federal, não podem ser utilizados como um verdadeiro escudo protetivo da prática de atividades ilícitas, nem tampouco como argumento para afastamento ou diminuição da responsabilidade civil ou penal por atos criminosos, sob pena de total consagração ao desrespeito a um verdadeiro Estado de Direito".[112]

---

[111] STF – MS 23452, Tribunal Pleno, julgado em 16.9.1999, DJ 12.5.2000.

[112] MORAES, Alexandre de. *Direito Constitucional*. 13ª ed. São Paulo: Atlas, 2008, p. 32-33.

Sendo assim, as Comissões de Inquérito instauradas pelo Poder Legislativo encontram-se legitimadas a adotar medidas restritivas às prerrogativas individuais ou coletivas, desde que respeitados os termos estabelecidos pela própria Constituição. Poderão, dessa forma, quebrar o sigilo fiscal, bancário[113] e telefônico sem a prévia autorização

---

[113] "Processual Civil. Administrativo. Improbidade Administrativa. Atos Investigatórios Praticados pelo Ministério Público. Inquérito Civil. Apresentação de Documentos. Relatório de Auditoria Interna. Operações de Crédito Firmadas por Instituição Bancária. Quebra de Sigilos Bancário e Comercial. Interesse Público. Ausência de Ilegalidade ou Abuso de Poder. 1. O Ministério Público, no exercício do poder-dever de investigação, ostenta legitimidade para requerer ao Poder Judiciário informações necessárias à promoção de Inquérito Civil e de Ação Civil Pública, a teor do que dispõem os art. 129, incisos VI, VIII, da Constituição Federal; e art. 8°, incisos II e IV, e § 2°, da Lei Complementar n° 75/1993. Precedentes do STJ [...]. 2. *Ademais, a quebra de sigilo bancário é admitida, excepcionalmente, nas hipóteses em que se denotem a existência de interesse público superior, posto proteção não consubstanciadora de direito absoluto a sobrepor-se ao interesse coletivo. 3. O art. 38 da Lei 4.595/64 (Lei do Sistema Financeiro Nacional) previa a quebra de sigilo bancário e fiscal, sendo certo que, com o advento da Lei Complementar 105, de 10/01/2001, culminou por ampliar as hipóteses de exceção do sigilo (§§ 3° e 4° do art. 1°), permitindo o Poder Legislativo e a CPI obterem informações das instituições financeiras, sem a interferência do Poder Judiciário, revelando inequívoca intenção do legislador em tornar a quebra do sigilo bancário instrumento eficiente e necessário nas investigações patrimoniais e financeiras tendentes à apuração da autoria dos atos relacionados com a prática contra o erário de condutas ilícitas, como soem ser a improbidade administrativa, o enriquecimento ilícito e os ilícitos fiscais.* Precedentes jurisprudenciais do STF: RE n° 219780/PE, Relator Ministro Carlos Velloso, DJ de 10.09.1999 e do STJ: REsp 943.304/SP, Relator Ministro Luiz Fux, Primeira Turma, DJ de 18.6.2008; [...]. 4. *Deveras, o sigilo bancário não tem conteúdo absoluto, devendo ceder ao princípio da moralidade pública e privada, este sim, com força de natureza absoluta. A regra do sigilo bancário deve ceder todas as vezes que as transações bancárias são denotadoras de ilicitude, porquanto não pode o cidadão, sob o alegado manto de garantias fundamentais, cometer ilícitos. O sigilo bancário é garantido pela Constituição Federal como direito fundamental para guardar a intimidade das pessoas desde que não sirva para encobrir ilícitos.* 5. *In casu*, revela-se descabida a insurreição do Banco do Brasil contra a decisão judicial que determinou a apresentação de documentos, relativos à auditoria realizada nas operações de crédito firmadas entre a instituição bancária em foco e empresas correntistas, necessários à instrução de procedimento investigatório (Inquérito Civil) engendrado pelo Ministério Público Federal, notadamente porque o direito à intimidade, que é espécie de direito à privacidade, não consubstancia direito absoluto a sobrepor-se ao interesse coletivo, à luz do princípio da proporcionalidade. 6. [...]". (REsp 1060976/DF, Rel. Ministro Luiz Fux, Primeira Turma, julgado em 17.11.2009, DJe 4.12.2009).

judicial, desde que o façam à luz do princípio constitucional da motivação insculpido no inciso IX do art. 93 da Carta Magna. Importante consignar que a legitimidade das CPIs para a quebra de sigilo telefônico por autoridade própria abarca tão somente os registros de ligações telefônicas já realizadas, os quais não se confundem com as *comunicações telefônicas* aludidas no inciso XII do art. 5º da Constituição. Estas, ao contrário dos registros telefônicos, só poderão ser quebradas mediante ordem judicial, nos termos da Lei nº 9.296/96 (Lei das Interceptações Telefônicas).

No julgamento do Mandado de Segurança nº 24.817, a Suprema Corte assim decidiu:

COMISSÃO PARLAMENTAR DE INQUÉRITO – PODERES DE INVESTIGAÇÃO (CF, ART. 58, § 3º) – LIMITAÇÕES CONSTITUCIONAIS – LEGITIMIDADE DO CONTROLE JURISDICIONAL – POSSIBILIDADE DE A CPI ORDENAR, POR AUTORIDADE PRÓPRIA, A QUEBRA DOS SIGILOS BANCÁRIO, FISCAL E TELEFÔNICO – NECESSIDADE DE FUNDAMENTAÇÃO DO ATO DELIBERATIVO – QUEBRA DE SIGILO ADEQUADAMENTE FUNDAMENTADA – VALIDADE – MANDADO DE SEGURANÇA INDEFERIDO. A QUEBRA DO SIGILO CONSTITUI PODER INERENTE À COMPETÊNCIA INVESTIGATÓRIA DAS COMISSÕES PARLAMENTARES DE INQUÉRITO. – A quebra do sigilo fiscal, bancário e telefônico de qualquer pessoa sujeita a investigação legislativa pode ser legitimamente decretada pela Comissão Parlamentar de Inquérito, desde que esse órgão estatal o faça mediante deliberação adequadamente fundamentada e na qual indique a necessidade objetiva da adoção dessa medida extraordinária. Precedentes. – O sigilo bancário, o sigilo fiscal e o sigilo telefônico (sigilo este que incide sobre os dados/registros telefônicos e que não se identifica com a inviolabilidade das comunicações telefônicas) – ainda que representem projeções específicas do direito à intimidade, fundado no art. 5º, X, da Carta Política – não se revelam oponíveis, em nosso sistema jurídico, às Comissões Parlamentares de Inquérito, eis que o ato que lhes decreta a quebra traduz natural derivação dos poderes de investigação que foram conferidos, pela própria Constituição da República, aos órgãos de investigação parlamentar. As Comissões Parlamentares de Inquérito, no entanto, para decretar, legitimamente, por autoridade própria, a quebra do sigilo bancário, do sigilo fiscal e/ou do sigilo telefônico, relativamente a pessoas por elas investigadas, devem demonstrar, a partir de meros indícios, a existência concreta de causa provável que legitime a medida excepcional (ruptura da esfera de intimidade de quem se acha sob investigação), justificando a necessidade de sua efetivação no procedimento de ampla investigação dos fatos determinados que deram causa à instauração do inquérito parlamentar, sem prejuízo de ulterior controle jurisdicional dos atos em referência (CF, art. 5º, XXXV). As deliberações de qualquer Comissão Parlamentar de Inquérito, à semelhança do que também ocorre com as decisões judiciais, quando destituídas de motivação, mostram-se írritas e despojadas de eficácia jurídica, pois nenhuma medida restritiva de direitos pode ser adotada pelo Poder Público, sem que o ato que a decreta seja adequadamente fundamentado pela autoridade estatal. (MS 24817, Relator(a): Min. Celso de Mello, Tribunal Pleno, julgado em 3.2.2005, DJe-208 Divulgado em 5.11.2009 Publicado em 6.11.2009)

Se por um lado as Comissões de Inquérito estão legitimadas a quebrar o sigilo de dados, por outro deverão observar determinados requisitos para que não incorram em ilegalidade. Consistem, em última análise, em requisitos de validade dos atos de quebra de sigilo, sendo eles:

a) necessária motivação dos atos de quebra de sigilo, nos termos do art. 93, inciso IX, da Constituição Federal;
b) pertinência temática com o que se investiga;
c) absoluta necessidade da medida (caráter excepcional), entendida como a impossibilidade de obter-se o resultado por apurar de nenhum outro meio ou fonte lícita de prova;
d) limitação temporal do objeto da medida, constituindo a referência do tempo provável em que teria ocorrido o fato investigado;
e) necessária aprovação do pedido de quebra de sigilo pela maioria absoluta dos membros que compõem o órgão de investigação legislativa. Trata-se da decorrência lógica do princípio da colegialidade,[114] que "traduz diretriz de fundamental importância na regência das deliberações tomadas por qualquer Comissão Parlamentar de Inquérito, notadamen-

---

[114] O princípio da colegialidade está amparado constitucionalmente pelo art. 47 da Carta Magna de 88, *verbis*: "Salvo disposição constitucional em contrário, as deliberações de cada Casa e de suas Comissões serão tomadas por maioria dos votos, presente a maioria absoluta de seus membros".

te quando esta, no desempenho de sua competência investigatória, ordena a adoção de medidas restritivas de direitos.[115]

Por fim, cumpre fazer duas últimas anotações.

A primeira diz respeito à impossibilidade de as Comissões Parlamentares de Inquérito poderem, por autoridade própria, ordenar a quebra do sigilo das correspondências – inclusive as enviadas pela internet (*e-mail*) e das comunicações telemáticas, compreendendo-se como aquelas realizadas por computadores, telefones, rádios, telégrafos etc. (princípio da reserva constitucional de jurisdição – CF, art. 5°, XII).

A segunda pertine à impossibilidade de se ordenar a quebra do sigilo profissional. Neste caso, entende-se por profissional qualquer pessoa prestadora de serviços a quem foi confiado segredo em razão da função que exerce. Assim, advogados, peritos, contadores, médicos, psicólogos, padres, etc, não poderão ser compelidos a revelar segredos que lhes foram confiados, nem mesmo mediante ordem judicial.[116] Inclui-se nessa proibição, a impossibilidade das Comissões Parlamentares violarem os meios de atuação profissional, quais sejam, notebooks, pastas, correspondências, registros em computadores etc.

Poderão, desde que autorizados pela pessoa interessada e se assim desejarem, revelar os segredos que lhes foram confiados. O descumprimento por parte do confidente constitui crime de violação de segredo profissional, previsto no artigo 154 do Estatuto Repressivo.[117]

---

[115] MS 24817, Tribunal Pleno, julgado em 3.2.2005, DJe-208 DIVULG 5.11.2009 PUBLIC 6.11.2009.

[116] Nesse sentido: STF – HC n° 86429/DF, Relator(a): Min. Marco Aurélio, julgado em 6.10.2005.

[117] "Art. 154. Revelar alguém, sem justa causa, segredo, de que tem ciência em razão de função, ministério, ofício ou profissão, e cuja revelação possa produzir dano a outrem: Pena – detenção, de três meses a um ano, ou multa".

Sublinhe-se que tal vedação diz respeito somente as atividades profissionais, não se estendendo aos atos praticados pelo profissional fora do exercício regular da sua atividade. Dessa forma, se um advogado, por exemplo, perpetrou algum ilícito penal ou agiu de modo contrário ao direito, não estará acobertado pelo sigilo em estudo.

4. Relatório final da CPI

O relatório final constitui o último ato do procedimento investigatório pelo qual a Comissão Parlamentar de Inquérito conclui e encerra os seus trabalhos. Trata-se, indiscutivelmente, da peça de maior importância inserida nos autos do inquérito que, enquanto na condição de "projeto de relatório", deverá ser apresentada pelo Relator aos seus pares a fim de que se torne objeto de discussão e votação pela reunião da Comissão Parlamentar.

Oportuno salientar que, "em seu aspecto formal, o relatório deve ser circunstanciado, sendo explicitadas, em minúcias, todas as diligências realizadas na pesquisa referente ao fato determinado objeto de investigação, sendo clara a este respeito a Lei n° 1579/52".[118] Consigo, reunirá nos autos do inquérito todos os registros e documentos relativos às suas atividades investigativas.

Dessa forma, petições, despachos, autos, atas, laudos, termos, pareceres, depoimentos, diligências, dados fiscais, bancários e telefônicos, votações, tudo, enfim, que tenha ocorrido durante os trabalhos da Comissão de Inquérito deve estar ali devidamente reunido.

Se porventura o "projeto de relatório" não restar aprovado, por maioria, na sessão de votação, a Comissão

---

[118] SANDOVAL, Ovídio Rocha Barros. *CPI ao Pé da Letra*. São Paulo: Millennium, 2001, p. 50-51.

deverá designar um redator a fim de que tomem, por escrito, as propostas de emenda ao relatório, as quais serão apreciadas na mesma sessão em que foram ofertadas. Chegando os integrantes da Comissão Parlamentar a um consenso, apresentar-se-á ao Presidente da Casa Legislativa o relatório final, por meio de projeto de resolução,[119] que será publicado no Diário respectivo.[120]

A partir daí, a comissão encaminhará suas conclusões à Mesa – dentre outras instituições públicas competentes –, para as providências de alçada desta ou do Plenário, oferecendo, conforme o caso, projeto de lei, de decreto legislativo ou de resolução, que será publicado e imediatamente incluído em Pauta. Se for o caso, ao Ministério Público, para que promova a responsabilidade civil dos infratores e exerça sua função constitucional de titular das ações penais públicas.

Conforme observa Francisco Rodrigues da Silva:

> [...] se o Ministério Público é o autor da ação penal por excelência nos crimes de ação penal pública, não é admissível, teleologicamente, que as CPIs usurpem estas atribuições para, de acordo com suas conveniências e oportunidades políticas, só remetam ao Ministério Público o que entenderem conveniente e oportuno, ou seja, "se for o caso". Se admitirmos, mesmo em tese, tamanha incongruência, estaremos admitindo, por via oblíqua, que as CPIs se transformem em verdadeiros "tribunais de exceção", de vez que, havendo prática de crimes de ação pública e não sendo remetido ao Ministério Público, por não ser o caso

---

[119] Nos termos do *caput* do artigo 5º da Lei nº 1.579/52, as Comissões Parlamentares de Inquérito apresentarão relatório de seus trabalhos à respectiva Câmara, concluindo *por projeto de resolução*.

[120] Em decisão singular, o Tribunal de Justiça do Estado de Minas Gerais entendeu de modo diverso, conforme se denota do seguinte julgado: "Ementa: Mandado de Segurança – Câmara Municipal – Comissão Parlamentar de Inquérito – Relatório – Deliberação Plenária – Desnecessidade. O relatório elaborado pela comissão parlamentar de inquérito deve ser simplesmente apresentado à Câmara sendo aí recebido como peça de informação, prescindindo, por isso, de que suas conclusões sejam objeto de deliberação plenária, antes de ser encaminhado ao Ministério Público". (TJMG – MS nº 1.0319.04.015951-3/01(1), Relator: Edilson Fernandes, Data do Julgamento: 18.9.2007)

88

– *a contrario sensu* –, estar-se-á, por via transversa, dando poderes às CPIs para absolver sumariamente aquele beneficiado pela não remessa da conclusão ou de peças informativas ao Ministério Público, que porventura tenha praticado infração penal.[121]

Por oportuno, cumpre referir que o relatório final, ao reportar a prática de algum crime, cuida de mera *notitia criminis*, "não sendo possível tomar a natureza, em suas conclusões, de peça semelhante às sentenças judiciais ou de uma denúncia, que são atos privativos do Poder Judiciário e do Ministério Público".[122] Portanto, a "Comissão de inquérito *não julga*, apenas *investiga* e, por via de conseqüência, o relatório deve conter, apenas, os resultados das investigações e deliberações realizadas nos trabalhos da comissão, podendo acrescentar projeto de resolução para o aprimoramento das leis".[123]

Entrementes, em que pese o relatório não detenha caráter semelhante ao de uma denúncia, sendo vedado, na linha da jurisprudência firmada na Suprema Corte, o indiciamento de pessoas, à semelhança do inquérito policial, nada impede seja resolvido responsabilizar os envolvidos com o ilícito, inclusive indicando os dispositivos do Código Penal nos quais, em tese, teriam incidido.

A propósito, transcrevo excerto do voto proferido pela Ministra-Relatora Cármen Lúcia nos autos do Habeas Corpus n° 95.277/MS, julgado em 19 de dezembro de 2008 pelo Supremo Tribunal Federal:

Ademais, da versão de fato firmada nos autos, é possível concluir não ter havido ilegalidade ou abuso de poder no ato questionado, que, conforme asseverou a procuradoria-Geral da República em seu parecer, alinha-se à jurisprudência do Supremo Tribunal Federal.

---

[121] SILVA, Francisco Rodrigues da. *CPIs federais, estaduais e municipais. Poderes e Limitações*. Recife: Bargaço, 2000, p.291.

[122] SANDOVAL, Ovídio Rocha Barros. *CPI ao Pé da Letra*. São Paulo: Millennium, 2001, p. 50-51.

[123] Idem.

Nas circunstâncias do caso, entendo que, ao decidir "[...] RESPONSA-BILIZAR [...] [os Pacientes], [...] encaminhando-os para o Ministério Público e para as Corregedorias competentes, a fim de que promovam a RESPONSABILIZAÇÃO civil, criminal e administrativa [...]", assim como qualificar as condutas imputáveis aos pacientes, o relatório final da Comissão Parlamentar de Inquérito do Sistema Carcerário não ultrapassou os limites das atribuições estabelecidas no art. 58 da Constituição da República e no art. 37 do Regimento Interno da Câmara dos Deputados, que, na linha de jurisprudência do Supremo Tribunal Federal, vedam o indiciamento – ou seja, "o ato de registrar e formalizar o reconhecimento da existência de indícios" (Pet 3.825-QO, Redator para o acórdão o Ministro Gilmar Mendes, DJ 4.4.2008).

Segue, ainda, o teor do parecer do Ministério Público Federal, reportado nesse acórdão:

[...] 12. No capítulo destina à responsabilização pessoal o relatório final da CPI do Sistema Carcerário limitou-se a arrolar os nomes de diversas autoridades e agentes públicos estaduais e determinou que fossem encaminhados ao Ministério Público e à Corregedoria competente, a fim de que estes órgãos promovessem a responsabilização cível, criminal e administrativa, se assim entendessem necessário.

13. Nesse caso, a mera indicação de dispositivos do Código Penal constitui prerrogativa da Comissão Parlamentar de Inquérito, segundo o art. 37 do Regimento Interno da Câmara dos Deputados, e não tem o condão de indiciar ou imputar a prática de crimes aos Pacientes.

14. Desse modo, os termos do relatório final estão de acordo com o que decidiu o Supremo Tribunal Federal nos autos do *Habeas Corpus* nº 95.259, isto é, ainda que constatada pela CPI a possível prática de ilícito penal por parte de agente público dotado de prerrogativa de foro, poderá aquela, tão-somente, encaminhar os respectivos autos aos órgãos competentes, sendo-lhe vedado o ato formal de indiciamento, que consiste na identificação e apuração da vida pregressa do indiciado.

Nesse ínterim, merece destaque, ainda, ponto que, a despeito da pouca abordagem recebida no campo doutrinário, enseja inúmeras discussões nos dias atuais: a eficácia jurídica do relatório paralelo.

Em que pese a maior parte da doutrina sustentar que relatório paralelo corporifica um instrumento destituído de eficácia jurídica, em razão da falta de previsão legal, sustentamos, conforme já salientado, que, em se tratando de uma peça de valor meramente informativo para o processo político-administrativo, penal, civil ou administrativo,[124] com a finalidade precípua de relatar os fatos detectados durante os trabalhos e todos os meios lícitos de prova de sua ocorrência, nada impede seja a peça paralela encaminhada, inclusive por pessoa estranha à Comissão de Inquérito, diretamente ao Ministério Público, se porventura constatados indícios da prática de conduta criminosa.[125]

Com efeito, acreditamos que a viabilidade de tal medida repousa no fato de o Ministério Público, no gozo da sua garantia de independência funcional,[126] não estar adstrito às conclusões a que chegou a Comissão Parlamentar.

De tal sorte, ao analisar o conjunto fático probatório constante dos autos do inquérito parlamentar, o Órgão Ministerial procederá, ou não, à imediata deflagração da persecução criminal, tomando por foco, sobremaneira, as provas coligidas e relatadas no relatório, quer seja original, quer seja paralelo, do que as próprias conclusões da reunião da Comissão Parlamentar.

Reforça essa tese o fato de que qualquer cidadão, partido político, sindicato ou associação, possuir legitimidade para, na forma da lei, denunciar irregularidades ou ilegalidades atribuídas ao Chefe do Executivo, perante o respectivo Tribunal de Contas, *independentemente de que haja qualquer procedimento instaurado pela Câmara*, no exercício

---

[124] MEIRELLES, Hely Lopes. *Direito Municipal Brasileiro*, 10. ed. Atualizada. São Paulo: Malheiros, 1998, p. 495.

[125] Necessário deixar bem assentado, nestes casos, o mais importante é que sejam enviadas cópias ao Ministério Público de todo conjunto probatório angariado nas investigações, e não somente aqueles documentos "criteriosamente" escolhidos pelo relator ou terceiro interessado.

[126] Art. 127, § 1°, da Constituição da República: "são princípios institucionais do Ministério Público a unidade, a indivisibilidade e a independência funcional".

C P I – Descomplicada

91

do seu controle externo.[127] Da mesma sorte, nos termos inciso I do art. 2º da Resolução nº 13 do Conselho Nacional do Ministério Público e art. 27, parágrafo único, inciso I, da Lei nº 8.625/93 – Lei Orgânica Nacional do Ministério Público –,[128] qualquer pessoa do povo que tiver conhecimento da existência de infração penal em que caiba ação pública incondicionada poderá, verbalmente ou por escrito, ainda que anonimamente,[129] comunicá-la ao Órgão Ministerial,[130] para que este, verificada a procedência das informações e, acaso conte com provas autônomas, ofereça a denúncia no prazo de quinze dias.[131]

De sublinhar que, uma vez evidenciada a inércia do Ministério Público, não havendo este intentado a ação no prazo legal, nos termos dos arts. 5º, inciso LIX, da Cons-

---

[127] Art. 53 da Lei nº 8.443, de 16 de julho de 1992 – Dispõe sobre a Lei Orgânica do Tribunal de Contas da União e dá outras providências.

[128] Art. 27. [...]:

[...]

Parágrafo único. No exercício das atribuições a que se refere este artigo, cabe ao Ministério Público, entre outras providências:

I – receber notícias de irregularidades, petições ou reclamações de qualquer natureza, promover as apurações cabíveis que lhes sejam próprias e dar-lhes as soluções adequadas;

[129] Cumpre salientar que a Resolução nº 13 do Conselho Nacional do Ministério Público – CNMP, de 02 de outubro de 2006, que regulamenta o art. 8º da LC 75/93 e o art. 26 da Lei nº 8.625/93, disciplinando, no âmbito do Ministério Público, a instauração e tramitação do procedimento investigatório criminal, prevê, na conjugação dos art. 3º, caput, parte final, e art. 4º, que a identificação do autor da representação que dá origem ao procedimento investigatório constará, "sempre que possível", da portaria inicial. Dessa forma, forçoso concluir que a Resolução do Conselho Nacional do Ministério Público admite, a contrario sensu, o início do procedimento baseado em denúncia anônima, a despeito da ausência de tratamento expresso a respeito do tema.

[130] A Resolução nº 13 do CNMP, confere em seu artigo 1º, caput, a atribuição da instauração e presidência de procedimento investigatório criminal pelo membro do Parquet que oficie perante o Juízo criminal.

[131] Vide também art. 2º, inciso I, da Resolução nº 13 do CNMP e art. 39, § 5º, do Código de Processo Penal.

tituição Federal,[132] e 29 do Código de Processo Penal,[133] revela-se cabível, na espécie, a ação penal privada subsidiária.[134]

Desse modo, fazendo-se uma interpretação sistemática das normas supracitadas e conjugando-as com o Código de Processo Penal, forçoso admitir que o instrumento informativo paralelo detém validade e eficácia frente ao ordenamento jurídico vigente.

Nada obstante as críticas tecidas pelos não adeptos do instituto, entendemos que, ao rechaçá-lo do ordenamento jurídico, estar-se-ia negando o fim teleológico das Comissões Parlamentares de Inquérito, qual seja, ajudar a tarefa legiferante; servir de instrumento de controle sobre o governo e a administração; informar a opinião pública e, acima de tudo, levar a cabo a responsabilização cível, criminal e administrativa daqueles que, de alguma forma, lesaram a máquina pública e influíram na qualidade de vida da coletividade.[135]

---

[132] "Art. 5° [...]:

LIX – será admitida ação privada nos crimes de ação pública, se esta não for intentada no prazo legal".

[133] "Art. 29. Será admitida ação privada nos crimes de ação pública, se esta não for intentada no prazo legal, cabendo ao Ministério Público aditar a queixa, repudiá-la e oferecer denúncia substitutiva, intervir em todos os termos do processo, fornecer elementos de prova, interpor recurso e, a todo tempo, no caso de negligência do querelante, retomar a ação como parte principal".

[134] A ação penal subsidiária, também denominada ação penal supletiva, será cabível nas hipóteses de inércia do órgão ministerial, ou seja, quando ele, no prazo que lhe é concedido pela lei para oferecer a denúncia, não a apresenta, não requer diligência, tampouco pede o arquivamento.

[135] SAMPAIO, Nelson de Souza. *Do Inquérito Parlamentar*. Rio de Janeiro: Fundação Getúlio Vargas, 1964, p. 5.

5. Rotinas de trabalhos das CPIs

Em linha de princípio, as Comissões Parlamentares de Inquérito guardam semelhante rotina de trabalho, quer sejam instaladas na esfera federal, quer sejam na estadual ou na municipal.

Iniciam-se com a apresentação do requerimento subscrito por um terço dos membros da Casa Legislativa, solicitando sua instalação, que será publicado logo após o exame das demais exigências constitucionais e regimentais, quais sejam: o fato (determinado) objeto das investigações, o âmbito competencial, o prazo (certo) de conclusão de seus trabalhos e o número de parlamentares que deverão compô-la.

No que se refere ao prazo, aconselhamos seja definido no requerimento de instauração não somente o termo final de encerramento dos trabalhos, mas também o de apresentação do relatório provisório, que deverá anteceder, no mínimo, cinco dias do prazo definido para a conclusão da CPI. Com a adoção de tal medida, disporão os membros da Comissão Parlamentar, sem atropelos, de um tempo mínimo necessário à elaboração de um bom projeto de resolução, depois de realizadas todas alterações, acréscimos e supressões eventualmente promovidas no documento inicialmente elaborado apenas pelo relator.

Imediatamente após a publicação da matéria, é solicitado às lideranças partidárias que indiquem os parlamentares que irão compor a CPI. Assim, estando de posse dessas indicações, o Presidente da Câmara as referenda e manda publicar, juntamente com a designação dos parlamentares, a resolução, já enumerada, criando o órgão sindicante.

Caso, entretanto, a maioria legislativa, através de suas lideranças, não indiquem seus representantes para compor a Comissão, com o objetivo de frustrar a instalação e o início dos trabalhos, o próprio Presidente da Casa Legislativa deverá designar os nomes faltantes (MS 24.831 STF).[136]

Dessa forma, uma vez constituída a Comissão de Inquérito, seus integrantes, logo após a prévia convocação devidamente publicada, reunir-se-ão para a instalação dos trabalhos, eleição de Presidente, Vice-Presidente e designação dos relatores.

Ato contínuo, procede-se a uma segunda reunião destinada a ouvir o autor do requerimento que deu origem à CPI (via de regra), a fim de que sejam conhecidos, minuciosamente, os motivos do pedido de instauração do inquérito.

O roteiro a ser seguido pela Comissão – em geral apresentado pelo relator – será deliberado em reunião pelos parlamentares. Será apoiada nesse trabalho que a Comissão Parlamentar iniciará a instrução do inquérito.

Por oportuno, necessário assentar-se que o fato de o parlamentar deixar – deliberada, reiterada e injustificadamente – de comparecer às sessões das Comissões de Inquérito, com o propósito de boicotar o normal andamento dos trabalhos, não apenas falta ao respeito devido a seus eleitores, envergonha os mais esclarecidos e constrange seus próprios pares, mas também, acima de tudo, denigre a imagem da Casa Legislativa à qual pertence. Essa conduta, moral e legalmente reprovável, quando voltada à satisfação de interesse partidário ou sentimento pessoal, além

---

[136] MS 24831, Tribunal Pleno, julgado em 22.6.2005, DJ 4.8.2006.

de constituir quebra do decoro parlamentar, caracteriza o crime de prevaricação, previsto no artigo 319 do Código Penal Brasileiro.[137]

Por fim, concluídas as investigações, será elaborado o relatório contendo a sinopse de todo o processado, o qual mencionará: a Constituição e a finalidade da Comissão, a composição, o prazo e uma síntese de todos os trabalhos realizados. Nele, deverão estar indicadas as testemunhas ouvidas, as arroladas e que não chegaram a depor, o roteiro dos trabalhos, as viagens realizadas, a sinopse das reuniões, os ofícios, os telegramas e os telex expedidos, a documentação recebida e anexada aos autos, o pronunciamento do Plenário a respeito da matéria objeto das investigações e a integra dos depoimentos tomados, apresentadas as conclusões pelo relator.

Realizada a votação do parecer, redige-se, se for o caso, o projeto de resolução.

Mandada à publicação, a propositura é incluída na Ordem do Dia e, se aprovada, providencia-se a remessa do relatório, das conclusões e, se for o caso, de copia autenticada dos autos aos órgãos especificados na resolução, a fim de que sejam tomadas as providências que couberem.

---

[137] "Art. 319 – Retardar ou deixar de praticar, indevidamente, ato de ofício, ou praticá-lo contra disposição expressa de lei, para satisfazer interesse ou sentimento pessoal: Pena – detenção, de três meses a um ano, e multa".

Referências bibliográficas

ACCIOLI, Wilson. *Comissões parlamentares de inquérito: instrumentos de ação política*, 1980 (edição independente).

AMORIM, Aderbal Torres de. *O Novo Recurso Extraordinário*. Porto Alegre: Livraria do Advogado, 2010.

————. *Recursos Cíveis Ordinários*. Porto Alegre: Livraria do Advogado, 2005.

ARISTÓTELES. *A Política*. Rio de Janeiro: Ediouro, [s.d.].

BARACHO, José Alfredo de Oliveira. *Teoria geral das comissões parlamentares: comissões parlamentares de inquérito*. 2. ed. Rio de Janeiro: Forense, 2001.

BARROSO, Luis Roberto. *"Comissões Parlamentares de Inquérito – Limite de sua Competência – Sentido da Expressão Constitucional 'Poderes de Investigação Próprios das Autoridades Judiciais – Inadmissibilidade de Busca e Apreensão sem Mandado Judicial"*. Revista Forense, vol. 335/165.

BULOS, Uadi Lammêgo. *Comissão Parlamentar de Inquérito – técnica e prática*. São Paulo: Saraiva, 2001.

CANOTILHO, José Joaquim Gomes. *Direito Constitucional e Teoria da Constituição*, Almedina: Coimbra, 1998.

COMPARATO, Fábio Konder. *"Comissões Parlamentares de Inquérito – Limites"*. Revista Trimestral de Direito Público, vol. 5/66.

GOMES, Luiz Flavio; FARIA, Cássio Juvenal. *"Poderes e limites das CPIs"*. Boletim do Instituto Brasileiro de Ciências Criminais, n° 79, junho de 1999.

HORTA, Raul Machado. *"Limitações constitucionais dos poderes de investigação"*. Revista de Direito Público. n. 5, 1968.

JESUS, Damásio de. *"Ação penal sem crime"*. São Paulo: Complexo Jurídico Damásio de Jesus, nov. 2000. Disponível em: www.damasio.com.br.

KIMURA, Alexandre Issa. *CPI: Teoria e Prática*. São Paulo: Juares de Oliveira, 2001.

MAXIMILIANO, Carlos. *Hermenêutica a Aplicação do Direito*. 16. ed. Rio de Janeiro: Forense, 1996.

MEIRELLES, Hely Lopes. *Direito Municipal Brasileiro*, 10. ed. Atualizada. São Paulo: Malheiros, 1998.

MONTESQUIEU, Charles de Secondat, Baron de. *O Espírito das leis*. Tradução Pedro Vieira Mota. São Paulo: Ediouro, 1987.

MORAES, Alexandre de. *Direito Constitucional*. 13. ed. São Paulo: Atlas, 2008.

SALGADO, Plínio. *Comissões Parlamentares de Inquérito: doutrina, jurisprudência e legislação*. Belo Horizonte: Del Rey, 2001.

SAMPAIO, Nelson de Souza. *Do Inquérito Parlamentar*. Rio de Janeiro: Fundação Getúlio Vargas, 1964.

SANDOVAL, Ovídio Rocha Barros. *CPI ao Pé da Letra*. São Paulo: Millennium, 2001.

SCHIER. Paulo Ricardo. *Comissões Parlamentares de Inquérito e o Conceito de Fato Determinado*. Rio de Janeiro: Lumen Juris, 2005.

SILVA, De Plácido e. *Vocabulário Jurídico*. 4. ed. Rio de Janeiro: Forense, 1982, v. 7.

SILVA, Francisco Rodrigues da. *CPIs federais, estaduais e municipais. Poderes e Limitações*. Recife: Bargaço, 2000.

SILVA, José Afonso. *Curso de Direito Constitucional Positivo*. 9. ed. São Paulo: Malheiros, 1992.

SPROESSER, Andyara Klopstock. *A Comissão Parlamentar de Inquérito – CPI no Ordenamento Jurídico Brasileiro*. São Paulo: Assembleia Legislativa do Estado de São Paulo, 2008.

TAVARES, André Ramos. *Curso de direito constitucional positivo*. São Paulo: Saraiva, 2006.

TAYLOR, Telfor. *Grand inquest: the story for congressional investigations*, 1955.

Anexos
Legislação Aplicável e
Disposições Constitucionais

CONSTITUIÇÃO DA REPÚBLICA FEDERATIVA
DO BRASIL DE 1988

Art. 58. O Congresso Nacional e suas Casas terão comissões permanentes e temporárias, constituídas na forma e com as atribuições previstas no respectivo regimento ou no ato de que resultar sua criação.

§ 1º Na constituição das Mesas e de cada Comissão, é assegurada, tanto quanto possível, a representação proporcional dos partidos ou dos blocos parlamentares que participam da respectiva Casa.

§ 2º Às comissões, em razão da matéria de sua competência, cabe:

I – discutir e votar projeto de lei que dispensar, na forma do regimento, a competência do Plenário, salvo se houver recurso de um décimo dos membros da Casa;

II – realizar audiências públicas com entidades da sociedade civil;

III – convocar Ministros de Estado para prestar informações sobre assuntos inerentes a suas atribuições;

IV – receber petições, reclamações, representações ou queixas de qualquer pessoa contra atos ou omissões das autoridades ou entidades públicas;

V – solicitar depoimento de qualquer autoridade ou cidadão;

VI – apreciar programas de obras, planos nacionais, regionais e setoriais de desenvolvimento e sobre eles emitir parecer.

C P I – Descomplicada **101**

§ 3º As comissões parlamentares de inquérito, que terão poderes de investigação próprios das autoridades judiciais, além de outros previstos nos regimentos das respectivas Casas, serão criadas pela Câmara dos Deputados e pelo Senado Federal, em conjunto ou separadamente, mediante requerimento de um terço de seus membros, para a apuração de fato determinado e por prazo certo, sendo suas conclusões, se for o caso, encaminhadas ao Ministério Público, para que promova a responsabilidade civil ou criminal dos infratores.

§ 4º Durante o recesso, haverá uma Comissão representativa do Congresso Nacional, eleita por suas Casas na última sessão ordinária do período legislativo, com atribuições definidas no regimento comum, cuja composição reproduzirá, quanto possível, a proporcionalidade da representação partidária.

REGIMENTO INTERNO DO SENADO FEDERAL

RESOLUÇÃO Nº 93, DE 1970

Texto editado em conformidade com a Resolução nº 18, de 1989, consolidado com as alterações decorrentes de emendas à Constituição, leis e resoluções posteriores, até 2006.

CAPÍTULO XIV
DAS COMISSÕES PARLAMENTARES DE INQUÉRITO

Art. 145. A criação de comissão parlamentar de inquérito será feita mediante requerimento de um terço dos membros do Senado Federal.

§ 1º O requerimento de criação da comissão parlamentar de inquérito determinará o fato a ser apurado, o número de membros, o prazo de duração da comissão e o limite das despesas a serem realizadas.

§ 2º Recebido o requerimento, o Presidente ordenará que seja numerado e publicado.

§ 3º O Senador só poderá integrar duas comissões parlamentares de inquérito, uma como titular, outra como suplente.

§ 4º A comissão terá suplentes, em número igual à metade do número dos titulares mais um, escolhidos no ato da designação destes, observadas as normas constantes do art. 78.

Art. 146. Não se admitirá comissão parlamentar de inquérito sobre matérias pertinentes:

I – à Câmara dos Deputados;

II – às atribuições do Poder Judiciário;

III – aos Estados.

Art. 147. Na hipótese de ausência do relator a qualquer ato do inquérito, poderá o Presidente da comissão designar-lhe substituto para a ocasião, mantida a escolha na mesma representação partidária ou bloco parlamentar.

Art. 148. No exercício das suas atribuições, a comissão parlamentar de inquérito terá poderes de investigação próprios das autoridades judiciais, facultada a realização de diligências que julgar necessárias, podendo convocar Ministros de Estado, tomar o depoimento de qualquer autoridade, inquirir testemunhas, sob compromisso, ouvir indiciados, requisitar de órgão público informações ou documentos de qualquer natureza, bem como requerer ao Tribunal de Contas da União a realização de inspeções e auditorias que entender necessárias.

§ 1º No dia previamente designado, se não houver número para deliberar, a comissão parlamentar de inquérito poderá tomar depoimento das testemunhas ou autoridades convocadas, desde que estejam presentes o Presidente e o relator.

§ 2º Os indiciados e testemunhas serão intimados de acordo com as prescrições estabelecidas na legislação processual penal, aplicando-se, no que couber, a mesma legislação, na inquirição de testemunhas e autoridades.

Art. 149. O Presidente da comissão parlamentar de inquérito, por deliberação desta, poderá incumbir um dos seus membros ou funcionários da Secretaria do Senado da realização de qualquer sindicância ou diligência necessária aos seus trabalhos.

Art. 150. Ao término de seus trabalhos, a comissão parlamentar de inquérito enviará à Mesa, para conhecimento do Plenário, seu relatório e conclusões.

§ 1º A comissão poderá concluir seu relatório por projeto de resolução se o Senado for competente para deliberar a respeito.

C P I – Descomplicada

§ 2º Sendo diversos os fatos objeto de inquérito, a comissão dirá, em separado, sobre cada um, podendo fazê-lo antes mesmo de finda a investigação dos demais.

Art. 151. A comissão parlamentar de inquérito encaminhará suas conclusões, se for o caso, ao Ministério Público, para que promova a responsabilidade civil ou criminal dos infratores.

Art. 152. O prazo da comissão parlamentar de inquérito poderá ser prorrogado, automaticamente, a requerimento de um terço dos membros do Senado, comunicado por escrito à Mesa, lido em plenário e publicado no Diário do Senado Federal, observado o disposto no art. 76, § 4º.

Art. 153. Nos atos processuais, aplicar-se-ão, subsidiariamente, as disposições do Código de Processo Penal.

REGIMENTO INTERNO DA CÂMARA DOS DEPUTADOS

RESOLUÇÃO Nº 17, de 1989

A CÂMARA DOS DEPUTADOS, considerando a necessidade de adaptar o seu funcionamento e processo legislativo próprio à Constituição Federal, RESOLVE:

DAS COMISSÕES PARLAMENTARES DE INQUÉRITO

Art. 35. A Câmara dos Deputados, a requerimento de um terço de seus membros, instituirá Comissão Parlamentar de Inquérito para apuração de fato determinado e por prazo certo, a qual terá poderes de investigação próprios das autoridades judiciais, além de outros previstos em lei e neste Regimento.

§ 1º Considera-se fato determinado o acontecimento de relevante interesse para a vida pública e a ordem constitucional, legal, econômica e social do País, que estiver devidamente caracterizado no requerimento de constituição da Comissão.

§ 2º Recebido o requerimento, o Presidente o mandará a publicação, desde que satisfeitos os requisitos regimentais; caso contrário, devolvê-lo-á ao Autor, cabendo desta decisão recurso para o Plenário, no prazo de cinco sessões, ouvida a Comissão de Constituição e Justiça e de Cidadania. (Parágrafo com redação adaptada à Resolução nº 20, de 2004)

§ 3º A Comissão, que poderá atuar também durante o recesso parlamentar, terá o prazo de cento e vinte dias, prorrogável por até metade, mediante deliberação do Plenário, para conclusão de seus trabalhos.

§ 4º Não será criada Comissão Parlamentar de Inquérito enquanto estiverem funcionando pelo menos cinco na Câmara, salvo mediante projeto de resolução com o mesmo quorum de apresentação previsto no caput deste artigo.

§ 5º A Comissão Parlamentar de Inquérito terá sua composição numérica indicada no requerimento ou projeto de criação.

§ 6º Do ato de criação constarão a provisão de meios ou recursos administrativos, as condições organizacionais e o assessoramento necessários ao bom desempenho da Comissão, incumbindo à Mesa e à Administração da Casa o atendimento preferencial das providências que a Comissão solicitar.

Art. 36. A Comissão Parlamentar de Inquérito poderá, observada a legislação específica:

I – requisitar funcionários dos serviços administrativos da Câmara, bem como, em caráter transitório, os de qualquer órgão ou entidade da administração pública direta, indireta e fundacional, ou do Poder Judiciário, necessários aos seus trabalhos;

II – determinar diligências, ouvir indiciados, inquirir testemunhas sob compromisso, requisitar de órgãos e entidades da administração pública informações e documentos, requerer a audiência de Deputados e Ministros de Estado, tomar depoimentos de autoridades federais, estaduais e municipais, e requisitar os serviços de quaisquer autoridades, inclusive policiais;

III – incumbir qualquer de seus membros, ou funcionários requisitados dos serviços administrativos da Câmara, da realização de sindicâncias ou diligências necessárias aos seus trabalhos, dando conhecimento prévio à Mesa;

IV – deslocar-se a qualquer ponto do território nacional para a realização de investigações e audiências públicas;

V – estipular prazo para o atendimento de qualquer providência ou realização de diligência sob as penas da lei, exceto quando da alçada de autoridade judiciária;

VI – se forem diversos os fatos inter-relacionados objeto do inquérito, dizer em separado sobre cada um, mesmo antes de finda a investigação dos demais.

Parágrafo único. As Comissões Parlamentares de Inquérito valer-se-ão, subsidiariamente, das normas contidas no Código de Processo Penal.

C P I – Descomplicada

Art. 37. Ao termo dos trabalhos a Comissão apresentará relatório circunstanciado, com suas conclusões, que será publicado no Diário da Câmara dos Deputados e encaminhado:

I – à Mesa, para as providências de alçada desta ou do Plenário, oferecendo, conforme o caso, projeto de lei, de decreto legislativo ou de resolução, ou indicação, que será incluída em Ordem do Dia dentro de cinco sessões;

II – ao Ministério Público ou à Advocacia-Geral da União, com a cópia da documentação, para que promovam a responsabilidade civil ou criminal por infrações apuradas e adotem outras medidas decorrentes de suas funções institucionais;

III – ao Poder Executivo, para adotar as providências saneadoras de caráter disciplinar e administrativo decorrentes do art. 37, §§ 2º a 6º, da Constituição Federal, e demais dispositivos constitucionais e legais aplicáveis, assinalando prazo hábil para seu cumprimento;

IV – à Comissão Permanente que tenha maior pertinência com a matéria, à qual incumbirá fiscalizar o atendimento do prescrito no inciso anterior;

V – à Comissão Mista Permanente de que trata o art. 166, § 1º, da Constituição Federal, e ao Tribunal de Contas da União, para as providências previstas no art. 71 da mesma Carta.

Parágrafo único. Nos casos dos incisos II, III e V, a remessa será feita pelo Presidente da Câmara, no prazo de cinco sessões.

REGIMENTO COMUM DO CONGRESSO NACIONAL

RESOLUÇÃO Nº 1, DE 1970-CN,
COM ALTERAÇÕES POSTERIORES, ATÉ 2006.

Art. 21. As Comissões Parlamentares Mistas de Inquérito serão criadas em sessão conjunta, sendo automática a sua instituição se requerida por 1/3 (um terço) dos membros da Câmara dos Deputados mais 1/3 (um terço) dos membros do Senado Federal [dependendo de deliberação quando requerida por congressista].

Parágrafo único. As Comissões Parlamentares Mistas de Inquérito terão o número de membros fixado no ato da sua criação, devendo ser igual a participação de Deputados e Senadores, obedecido o princípio da proporcionalidade partidária.

LEI Nº 1.579, DE 18 DE MARÇO DE 1952

Dispõe sobre as comissões parlamentares de inquérito.

O PRESIDENTE DA REPÚBLICA: Faço saber que o Congresso Nacional decreta e eu sanciono a seguinte Lei:

Art. 1º As Comissões Parlamentares de Inquérito, criadas na forma do art. 53 da Constituição Federal, terão ampla ação nas pesquisas destinadas a apurar os fatos determinados que deram origem à sua formação.

Parágrafo único. A criação de Comissão Parlamentar de Inquérito dependerá de deliberação plenária, se não for determinada pelo terço da totalidade dos membros da Câmara dos Deputados ou do Senado.

Art. 2º No exercício de suas atribuições, poderão as Comissões Parlamentares de Inquérito determinar as diligências que reportarem necessárias e requerer a convocação de Ministros de Estado, tomar o depoimento de quaisquer autoridades federais, estaduais ou municipais, ouvir os indiciados, inquirir testemunhas sob compromisso, requisitar de repartições públicas e autárquicas informações e documentos, e transportar-se aos lugares onde se fizer mister a sua presença.

Art. 3º Indiciados e testemunhas serão intimados de acordo com as prescrições estabelecidas na legislação penal.

§ 1º Em caso de não-comparecimento da testemunha sem motivo justificado, a sua intimação será solicitada ao juiz criminal da localidade em que resida ou se encontre, na forma do art. 218 do Código de Processo Penal.

§ 2º O depoente poderá fazer-se acompanhar de advogado, ainda que em reunião secreta.

Art. 4º Constitui crime:

I – Impedir, ou tentar impedir, mediante violência, ameaça ou assuadas, o regular funcionamento de Comissão Parlamentar de Inquérito, ou o livre exercício das atribuições de qualquer dos seus membros.

Pena – A do art. 329 do Código Penal.

II – fazer afirmação falsa, ou negar ou calar a verdade como testemunha, perito, tradutor ou intérprete, perante a Comissão Parlamentar de Inquérito:

Pena – A do art. 342 do Código Penal.

Art. 5º As Comissões Parlamentares de Inquérito apresentarão relatório de seus trabalhos à respectiva Câmara, concluindo por projeto de resolução.

§ 1º Se forem diversos os fatos objeto de inquérito, a comissão dirá, em separado, sobre cada um, podendo fazê-lo antes mesmo de finda a investigação dos demais.

§ 2º A incumbência da Comissão Parlamentar de Inquérito termina com a sessão legislativa em que tiver sido outorgada, salvo deliberação da respectiva Câmara, prorrogando-a dentro da Legislatura em curso.

Art. 6º O processo e a instrução dos inquéritos obedecerão ao que prescreve esta Lei, no que lhes for aplicável, às normas do processo penal.

Art. 7º Esta Lei entrará em vigor na data de sua publicação, revogadas as disposições em contrário.

Rio de Janeiro, 18 de março de 1952; 131º da Independência e 64º da República.

GETÚLIO VARGAS

Francisco Negrão de Lima

LEI Nº 9.296, DE 24 DE JULHO DE 1996

Regulamenta o Inciso XII, Parte Final, do Art. 5º da Constituição Federal.

O PRESIDENTE DA REPÚBLICA Faço saber que o Congresso Nacional decreta e eu sanciono a seguinte Lei:

Art. 1º A interceptação de comunicações telefônicas, de qualquer natureza, para prova em investigação criminal e em instrução processual penal, observará o disposto nesta Lei e dependerá de ordem do juiz competente da ação principal, sob segredo de justiça.

Parágrafo único. O disposto nesta Lei aplica-se à interceptação do fluxo de comunicações em sistemas de informática e telemática.

Art. 2º Não será admitida a interceptação de comunicações telefônicas quando ocorrer qualquer das seguintes hipóteses:

I – não houver indícios razoáveis da autoria ou participação em infração penal;

II – a prova puder ser feita por outros meios disponíveis;

III – o fato investigado constituir infração penal punida, no máximo, com pena de detenção.

Parágrafo único. Em qualquer hipótese deve ser descrita com clareza a situação objeto da investigação, inclusive com a indicação e qualificação dos investigados, salvo impossibilidade manifesta, devidamente justificada.

Art. 3º A interceptação das comunicações telefônicas poderá ser determinada pelo juiz, de ofício ou a requerimento:

I – da autoridade policial, na investigação criminal;

II – do representante do Ministério Público, na investigação criminal e na instrução processual penal.

Art. 4º O pedido de interceptação de comunicação telefônica conterá a demonstração de que a sua realização é necessária à apuração de infração penal, com indicação dos meios a serem empregados.

§ 1º Excepcionalmente, o juiz poderá admitir que o pedido seja formulado verbalmente, desde que estejam presentes os pressupostos que autorizem a interceptação, caso em que a concessão será condicionada à sua redução a termo.

§ 2º O juiz, no prazo máximo de vinte e quatro horas, decidirá sobre o pedido.

Art. 5º A decisão será fundamentada, sob pena de nulidade, indicando também a forma de execução da diligência, que não poderá exceder o prazo de quinze dias, renovável por igual tempo uma vez comprovada a indispensabilidade do meio de prova.

Art. 6º Deferido o pedido, a autoridade policial conduzirá os procedimentos de interceptação, dando ciência ao Ministério Público, que poderá acompanhar a sua realização.

§ 1º No caso de a diligência possibilitar a gravação da comunicação interceptada, será determinada a sua transcrição.

§ 2º Cumprida a diligência, a autoridade policial encaminhará o resultado da interceptação ao juiz, acompanhado de auto circunstanciado, que deverá conter o resumo das operações realizadas.

C P I – Descomplicada

§ 3º Recebidos esses elementos, o juiz determinará a providência do art. 8º, ciente o Ministério Público.

Art. 7º Para os procedimentos de interceptação de que trata esta Lei, a autoridade policial poderá requisitar serviços e técnicos especializados às concessionárias de serviço público.

Art. 8º A interceptação de comunicação telefônica, de qualquer natureza, ocorrerá em autos apartados, apensados aos autos do inquérito policial ou do processo criminal, preservando-se o sigilo das diligências, gravações e transcrições respectivas.

Parágrafo único. A apensação somente poderá ser realizada imediatamente antes do relatório da autoridade, quando se tratar de inquérito policial (Código de Processo Penal, art.10, § 1º) ou na conclusão do processo ao juiz para o despacho decorrente do disposto nos arts. 407, 502 ou 538 do Código de Processo Penal.

Art. 9º A gravação que não interessar à prova será inutilizada por decisão judicial, durante o inquérito, a instrução processual ou após esta, em virtude de requerimento do Ministério Público ou da parte interessada.

Parágrafo único. O incidente de inutilização será assistido pelo Ministério Público, sendo facultada a presença do acusado ou de seu representante legal.

Art. 10. Constitui crime realizar interceptação de comunicações telefônicas, de informática ou telemática, ou quebrar segredo da Justiça, sem autorização judicial ou com objetivos não autorizados em lei.

Pena: reclusão, de dois a quatro anos, e multa.

Art. 11. Esta Lei entra em vigor na data de sua publicação.

Art. 12. Revogam-se as disposições em contrário.

Brasília, 24 de julho de 1996; 175º da Independência e 108º da República.

Fernando Henrique Cardoso

Nelson A. Jobim

LEI Nº 10.001, DE 4 DE SETEMBRO DE 2000

Dispõe sobre a prioridade nos procedimentos a serem adotados pelo ministério público e por outros órgãos a respeito das conclusões das comissões parlamentares de inquérito.

O PRESIDENTE DA REPÚBLICA Faço saber que o Congresso Nacional decreta e eu sanciono a seguinte Lei:

Art. 1º Os Presidentes da Câmara dos Deputados, do Senado Federal ou do Congresso Nacional encaminharão o relatório da Comissão Parlamentar de Inquérito respectiva, e a resolução que o aprovar, aos chefes do Ministério Público da União ou dos Estados, ou ainda às autoridades administrativas ou judiciais com poder de decisão, conforme o caso, para a prática de atos de sua competência.

Art. 2º A autoridade a quem for encaminhada a resolução informará ao remetente, no prazo de trinta dias, as providências adotadas ou a justificativa pela omissão.

Parágrafo único. A autoridade que presidir processo ou procedimento, administrativo ou judicial, instaurado em decorrência de conclusões de Comissão Parlamentar de Inquérito, comunicará, semestralmente, a fase em que se encontra, até a sua conclusão.

Art. 3º O processo ou procedimento referido no art. 2º terá prioridade sobre qualquer outro, exceto sobre aquele relativo a pedido de *habeas corpus*, *habeas data* e mandado de segurança.

Art. 4º O descumprimento das normas desta Lei sujeita a autoridade a sanções administrativas, civis e penais.

Art. 5º Esta Lei entra em vigor na data de sua publicação.

Brasília, 4 de setembro de 2000; 179º da Independência e 112º da República.

Fernando Henrique Cardoso
José Gregori

C P I – Descomplicada

LEI COMPLEMENTAR Nº 105, DE 10 DE JANEIRO DE 2001

Dispõe sobre o sigilo das operações de instituições financeiras e dá outras providências

O PRESIDENTE DA REPÚBLICA Faço saber que o Congresso Nacional decreta e eu sanciono a seguinte Lei Complementar:

Art. 1º As instituições financeiras conservarão sigilo em suas operações ativas e passivas e serviços prestados.

§ 1º São consideradas instituições financeiras, para os efeitos desta Lei Complementar:

I – os bancos de qualquer espécie;

II – distribuidoras de valores mobiliários;

III – corretoras de câmbio e de valores mobiliários;

IV – sociedades de crédito, financiamento e investimentos;

V – sociedades de crédito imobiliário;

VI – administradoras de cartões de crédito;

VII – sociedades de arrendamento mercantil;

VIII – administradoras de mercado de balcão organizado;

IX – cooperativas de crédito;

X – associações de poupança e empréstimo;

XI – bolsas de valores e de mercadorias e futuros;

XII – entidades de liquidação e compensação;

XIII – outras sociedades que, em razão da natureza de suas operações, assim venham a ser consideradas pelo Conselho Monetário Nacional.

§ 2º As empresas de fomento comercial ou factoring, para os efeitos desta Lei Complementar, obedecerão às normas aplicáveis às instituições financeiras previstas no § 1º.

§ 3º Não constitui violação do dever de sigilo:

I – a troca de informações entre instituições financeiras, para fins cadastrais, inclusive por intermédio de centrais de risco, observadas as normas baixadas pelo Conselho Monetário Nacional e pelo Banco Central do Brasil;

II – o fornecimento de informações constantes de cadastro de emitentes de cheques sem provisão de fundos e de devedores inadimplentes, a entidades de proteção ao crédito, observadas as normas baixadas pelo Conselho Monetário Nacional e pelo Banco Central do Brasil;

III – o fornecimento das informações de que trata o § 2o do art. 11 da Lei no 9.311, de 24 de outubro de 1996;

IV – a comunicação, às autoridades competentes, da prática de ilícitos penais ou administrativos, abrangendo o fornecimento de informações sobre operações que envolvam recursos provenientes de qualquer prática criminosa;

V – a revelação de informações sigilosas com o consentimento expresso dos interessados;

VI – a prestação de informações nos termos e condições estabelecidos nos artigos 2º, 3º, 4º, 5º, 6º, 7º e 9 desta Lei Complementar.

§ 4º A quebra de sigilo poderá ser decretada, quando necessária para apuração de ocorrência de qualquer ilícito, em qualquer fase do inquérito ou do processo judicial, e especialmente nos seguintes crimes:

I – de terrorismo;

II – de tráfico ilícito de substâncias entorpecentes ou drogas afins;

III – de contrabando ou tráfico de armas, munições ou material destinado a sua produção;

IV – de extorsão mediante seqüestro;

V – contra o sistema financeiro nacional;

VI – contra a Administração Pública;

VII – contra a ordem tributária e a previdência social;

VIII – lavagem de dinheiro ou ocultação de bens, direitos e valores;

IX – praticado por organização criminosa.

Art. 2º O dever de sigilo é extensivo ao Banco Central do Brasil, em relação às operações que realizar e às informações que obtiver no exercício de suas atribuições.

§ 1º O sigilo, inclusive quanto a contas de depósitos, aplicações e investimentos mantidos em instituições financeiras, não pode ser oposto ao Banco Central do Brasil:

I – no desempenho de suas funções de fiscalização, compreendendo a apuração, a qualquer tempo, de ilícitos praticados por controladores, administradores, membros de conselhos estatutários, gerentes, mandatários e prepostos de instituições financeiras;

C P I – Descomplicada **113**

II – ao proceder a inquérito em instituição financeira submetida a regime especial.

§ 2º As comissões encarregadas dos inquéritos a que se refere o inciso II do § 1º poderão examinar quaisquer documentos relativos a bens, direitos e obrigações das instituições financeiras, de seus controladores, administradores, membros de conselhos estatutários, gerentes, mandatários e prepostos, inclusive contas correntes e operações com outras instituições financeiras.

§ 3º O disposto neste artigo aplica-se à Comissão de Valores Mobiliários, quando se tratar de fiscalização de operações e serviços no mercado de valores mobiliários, inclusive nas instituições financeiras que sejam companhias abertas.

§ 4º O Banco Central do Brasil e a Comissão de Valores Mobiliários, em suas áreas de competência, poderão firmar convênios:

I – com outros órgãos públicos fiscalizadores de instituições financeiras, objetivando a realização de fiscalizações conjuntas, observadas as respectivas competências;

II – com bancos centrais ou entidades fiscalizadoras de outros países, objetivando:

a) a fiscalização de filiais e subsidiárias de instituições financeiras estrangeiras, em funcionamento no Brasil e de filiais e subsidiárias, no exterior, de instituições financeiras brasileiras;

b) a cooperação mútua e o intercâmbio de informações para a investigação de atividades ou operações que impliquem aplicação, negociação, ocultação ou transferência de ativos financeiros e de valores mobiliários relacionados com a prática de condutas ilícitas.

§ 5º O dever de sigilo de que trata esta Lei Complementar estende-se aos órgãos fiscalizadores mencionados no § 4º e a seus agentes.

§ 6º O Banco Central do Brasil, a Comissão de Valores Mobiliários e os demais órgãos de fiscalização, nas áreas de suas atribuições, fornecerão ao Conselho de Controle de Atividades Financeiras – COAF, de que trata o art. 14 da Lei no 9.613, de 3 de março de 1998, as informações cadastrais e de movimento de valores relativos às operações previstas no inciso I do art. 11 da referida Lei.

Art. 3º Serão prestadas pelo Banco Central do Brasil, pela Comissão de Valores Mobiliários e pelas instituições financeiras as informações ordenadas pelo Poder Judiciário, preservado o seu caráter sigiloso mediante acesso restrito às partes, que delas não poderão servir-se para fins estranhos à lide.

§ 1º Dependem de prévia autorização do Poder Judiciário a prestação de informações e o fornecimento de documentos sigilosos solicitados por comissão de inquérito administrativo destinada a apurar responsabilidade de servidor público por infração praticada no exercício de suas atribuições, ou que tenha relação com as atribuições do cargo em que se encontre investido.

§ 2º Nas hipóteses do § 1º, o requerimento de quebra de sigilo independe da existência de processo judicial em curso.

§ 3º Além dos casos previstos neste artigo o Banco Central do Brasil e a Comissão de Valores Mobiliários fornecerão à Advocacia-Geral da União as informações e os documentos necessários à defesa da União nas ações em que seja parte.

Art. 4º O Banco Central do Brasil e a Comissão de Valores Mobiliários, nas áreas de suas atribuições, e as instituições financeiras fornecerão ao Poder Legislativo Federal as informações e os documentos sigilosos que, fundamentadamente, se fizerem necessários ao exercício de suas respectivas competências constitucionais e legais.

§ 1º As comissões parlamentares de inquérito, no exercício de sua competência constitucional e legal de ampla investigação, obterão as informações e documentos sigilosos de que necessitarem, diretamente das instituições financeiras, ou por intermédio do Banco Central do Brasil ou da Comissão de Valores Mobiliários.

§ 2º As solicitações de que trata este artigo deverão ser previamente aprovadas pelo Plenário da Câmara dos Deputados, do Senado Federal, ou do plenário de suas respectivas comissões parlamentares de inquérito.

Art. 5º O Poder Executivo disciplinará, inclusive quanto à periodicidade e aos limites de valor, os critérios segundo os quais as instituições financeiras informarão à administração tributária da União, as operações financeiras efetuadas pelos usuários de seus serviços. (Regulamento)

§ 1º Consideram-se operações financeiras, para os efeitos deste artigo:

I – depósitos à vista e a prazo, inclusive em conta de poupança;

II – pagamentos efetuados em moeda corrente ou em cheques;

III – emissão de ordens de crédito ou documentos assemelhados;

IV – resgates em contas de depósitos à vista ou a prazo, inclusive de poupança;

V – contratos de mútuo;

VI – descontos de duplicatas, notas promissórias e outros títulos de crédito;

C P I – Descomplicada

115

VII – aquisições e vendas de títulos de renda fixa ou variável;

VIII – aplicações em fundos de investimentos;

IX – aquisições de moeda estrangeira;

X – conversões de moeda estrangeira em moeda nacional;

XI – transferências de moeda e outros valores para o exterior;

XII – operações com ouro, ativo financeiro;

XIII – operações com cartão de crédito;

XIV – operações de arrendamento mercantil; e

XV – quaisquer outras operações de natureza semelhante que venham a ser autorizadas pelo Banco Central do Brasil, Comissão de Valores Mobiliários ou outro órgão competente.

Impressão:

Evangraf

Rua Waldomiro Schapke, 77 - P. Alegre, RS
Fone: (51) 3336.2466 - Fax: (51) 3336.0422
E-mail: evangraf.adm@terra.com.br